对联知识一本通

DUILIANZHISHIYIBENTONG

张允杰◎编著

天津出版传媒集团
天津人民出版社

图书在版编目（CIP）数据

对联知识一本通 / 张允杰编著. -- 天津：天津人民出版社, 2017.5

ISBN 978-7-201-11848-2

Ⅰ. ①对… Ⅱ. ①张… Ⅲ. ①对联－基本知识－中国 Ⅳ. ①I207.6

中国版本图书馆CIP数据核字(2017)第118197号

对联知识一本通

DUILIAN ZHISHI YIBENTONG

出　　版　天津人民出版社出版
出 品 人　黄　沛
地　　址　天津市和平区西康路35号康岳大厦
邮政编码　300051
邮购电话　（022）2332469
网　　址　http://www.tjrmcbs.com
电子邮箱　tjrmcbs@126.com

责任编辑　李　荣
装帧设计　同人阁文化传媒

制版印刷　香河利华文化发展有限公司
经　　销　新华书店
开　　本　880×1230毫米　1/32
印　　张　11
字　　数　229千字
版次印次　2017年5月第1版　2017年5月第1次印刷
定　　价　39.80元

前言

“对联”，就是对句，也称联语，由上下两句相对相连的话语所组成。上句称作上联，也叫出句；下句称作下联，也叫对句。对联以其上下两联字数相等，句式相同，词性相照，结构相应，平仄相对，意义相连而得名。

对联是我国汉语言文学所特有的一种文体形式。世界各国虽然都有文学，但均无“对联”这一文体形式。因为在世界八大语系中，汉语是唯一的独立语族，每个汉字均独立存在，方方正正，整整齐齐，一字一形，一形一音，一音一义，声调匀称，音节鲜明，能够构成字形、字音、字义都可两两相对、整齐美观的对句，即“对联”这一文体形式。而其他国家的文字系拼音语系，其文字是由字母连缀拼读而成，每个字字母的多少、发音的多少各不相同，这就不可能构成字形、字音、字义全都两两相对的对句，因此，也就构不成“对联”这一文体形式。

对联同其他文体形式一样，都是人类用以抒发思想感情的文学工具。但其不同之处在于，对联这一文体形式文字简练，寥寥数语便可开拓出深远的意境，并且对仗工整，音韵流畅，艺术性高，实用性强，既可绘景状物、抒情言志，又可庆节贺喜、评人论史；既可题于庵观寺庙、楼堂馆所、山水园林等风景名胜之地，也可用于城镇乡村、各行各业、家家户户的豪门陋室之中；既可让人们欣赏到联语的文学美和书法的艺术美，赏心悦目，又可使大家从中受到教育和启迪。因此，千百年来，对联这一文体形式一直为我国广大人民群众所喜爱，古今皆用，源远流长，实为我国乃至世界文苑之奇葩。

本人自幼钟爱对联，每逢佳句心先喜，得见奇联手自抄。不仅平时爱学爱写，而且每年春节，总爱走街串巷，浏览观赏。近几年来在浏览观赏中，渐觉手书对联越来越少，反贴对联越来越多。特别是2005年春节，在我观赏到的一千二百零八副对联中，手书对联仅有九十四副，反贴对联竟有六百三十八副之多；还有的甚至根本不是一副对联也照贴不误。尤其是当我看到一些报刊上的大幅对联公然反印着，一些隆重场合的巨幅对联公然反挂着，一些人家的对联公然反贴着的时候，实在令我痛心疾首，心寒欲裂。观此惨状，驱使我义无反顾，痛下决心，撰写此集。尽管我文化水平不高，对联知识浅薄，人生阅历有限，但我依然矢志不渝，万卷古今消永昼，一窗昏晓送流年，根据本人半个多世纪以来学习观赏、收集整理、探讨研究之感悟，誓为传承中华文明、维护对联这朵文苑奇葩万古常馨而竭智尽心。

有人要问：在对联之风大盛的当今时代为什么会出现这种手书对联越来越少、反贴对联愈来愈多的怪现象呢？究其原因，我认为有下列四点情况急需引起高度关注。

首先，自从中华人民共和国成立以来，由于社会制度和选才方式的变革，全国各地从小学到大学的各级各类学校中均未开过“对课”，从未对广大青少年学生进行过有关对联知识的系统教育，更很少在教师和学生中开展过口头对对儿活动，致使数代人的对联知识素质越来越差，这是造成手书对联越来越少、反贴对联愈来愈多的根本原因。

其次，当今民间百姓除夕贴春联，大多只是图个吉祥话和喜庆气氛而已，而对联语的文学性和书法的艺术性以及对联的上下反正很少关注。随着岁月的流逝，具有撰联、书联能力的老年人逐年减少，这也是造成手书对联越来越少、反贴对联愈来愈多的重要原因。

其三，近二十年来，由于我国改革开放政策的大力推行，才使我中华民族睡狮猛醒，蛰龙腾飞，国家繁荣昌盛，人民幸福安康。在这百年一遇的和平盛世里，人民群众的物质生活和文化程度虽然逐年攀升，但同时也在一些人的心灵中逐渐滋生着一种崇洋媚外、追名逐利、求安逸、图享受的腐朽思想。在英语热浪的冲击下，一些人对中文的关注度有所淡漠，对对联知识更是不屑一顾。除夕贴春联时，由于自己没有撰联、书联能力，便只好到市场上去买印制联。有的人虽然能撰能书，但为了图省力、怕麻烦，也宁愿去买印制联，而不愿自撰自书，自找麻烦。这也是造成手书对联越来越少的重要原因。

其四，有的人由于自身对联知识较为欠缺，不懂得对联的上下反正；有的人虽然懂得，但由于受到我国当代通行的横书横读习惯的影响，在一些重要场合随意将一些重要对联反印、反贴，致使许多人误认为那就是对联的正确贴法，效而仿之，遗患无穷。这也是造成反贴对联愈来愈多的重要原因。

鉴于上述情况，我斗胆呼吁：为了传承中华文明，应当尽快地让各级各类学校适当地增开“对课”，对广大青少年学生认真进行对联知识教育，并在师生之间、学生之间适当开展口头对对儿活动，全面提高学生的思维和应对能力。呼吁在新闻媒体和文艺团体工作的同志，应当自觉地加强对联知识学习，严格要求自己，以免由于自己的疏忽和失误而误导人民大众；同时还应结合节日或庆典，开展一些征联活动或口头对对儿竞赛，以创造浓重的文化氛围，激发人民大众对传承中华文明的关注和热爱。过去，中央电视台和中国楹联学会以及一些省市和团体也搞过一些征联活动，闪现过对联知识教育复兴的缕缕曙光。诚望这缕缕曙光能够化为彩霞，化为丽日，艳阳高照，春满人间。

张允杰

2017年5月

目　录

第一章 对联简史

对联，作为一种独立文体的产生、使用、发展和流行，在我国历史悠久，源远流长。早在两千多年前的先秦文献中就有了对偶因素的句子，如：《诗经》中的“昔我往矣，杨柳依依，今我来思，雨雪霏霏。”后来，在《汉赋》和魏晋南北朝时流行的四、六句“骈文”里，奇偶相配的句子渐多。特别是到了隋唐时期，随着五七言“律诗”的兴起，不仅“绝句”诗中多含工整的对仗句，“律诗”中的第三、四句（颔联）和第五、六句（颈联）均为对仗工整的联语。例如，唐代大诗人杜甫的七言“绝句”诗：“两个黄鹂鸣翠柳，一行白鹭上青天”，“窗含西岭千秋雪，门泊东吴万里船”；五言律诗“春望”中的“感时花溅泪，恨别鸟惊心”，“烽火连三月，家书抵万金”；七言律诗“江村”中的“自来自去堂上燕，相亲相近水中鸥”，“老妻画纸为棋局，稚子敲针作钓钩”等等，若单独摘出来，均为一副对仗工整的对联。由于诗词中对仗联语的大量涌现，这就为对联的产生和形成奠定了坚实的文学基础。

关于对联的实际使用应源于古代的“桃符”。据汉代《论衡·订鬼》记载：上古时候，在东海度朔山下，有“神荼”“郁垒”二神，专管查看万鬼，遇到为祸作祟的鬼，就用苇索绑起来喂老虎。后来黄帝作礼时，就用桃木做成二神之像立于虎形门旁，以驱凶魔。于是，民间百姓便效而仿之，除夕时便用桃木板画二神之像挂在门旁，用以驱鬼避邪，称作“桃符”，也叫“门神”。后来，有人干脆在桃木板上写上二神的名字，以字代像，简单方便，其实这正是最早出现的二字式“春联”。

到了五代末期，“桃符”在意义上有了重大突破。据《宋史·蜀世家》记载：后蜀主孟昶于公元964年除夕亲自在“桃符”板上题写“新年纳余庆，佳节号长春”十个字，一举突破了“桃符”专为驱鬼避邪的封建迷信思想的局限，一变而成为欢度新春佳节的喜庆式春联。当时，文人群起效仿，从此，春联便流传开来。因此，史料一致认为这是我国第一副具有实际意义的“春联”。

据《玉壶清话》记载：早在后唐时期，进士范质曾在扇子上题过“大暑去浩吏，清风来故人”的联语，这副“扇联”也是实用对联的先驱。

到了宋朝，宋太祖赵匡胤乾德二年（公元964年），除夕贴对联之风开始兴起。北宋第三代皇帝赵恒把十副联语题在屏风上，这是继“春联”“扇联”之后最早出现的“屏联”。北宋康公韩绛亡故时，天文学家苏子容曾题“三登庆历三人第，四入康宁四辅中”的联语悼亡，人们公认这是我国第一副标准的“挽联”。南宋初年，金军攻破建康（南京），汉通判杨义坚贞不屈，咬破手指在衣襟上写下“宁做赵氏鬼，不为他邦臣”十个血字，开创了“言志联”的先河。宋朝宰相贾似道曾于上元日在灯笼上题写“天下三分明月夜，扬州十里小红楼”；黄耕庾夫人百岁寿诞时，黄叔经曾题“天边将满一轮月，人间还钟百岁人”的联语贺寿，这也成为“灯联”“寿联”的先驱。

到了明朝，明太祖朱元璋十分看重对联的宣传教育作用，竭力利用对联这一文学工具歌功颂德，烘染太平，号称“对联天子”。据《簪云楼杂话》记载：“帝都金陵，除夕前忽传旨，公卿士庶家门上须加春联一副。”朱元璋在微服视察时，还亲自为一家不识字的屠户题写“双手劈开生死路，一刀割断是非根——祖传技艺”的春联。据《明史·陶安传》和《金陵琐事》记载：

朱元璋曾亲手题写“国朝谋略无双士，翰苑文章第一家”的联幅赠给翰林学士陶安；题写“破虏平蛮，功贯古今人第一，出将入相，才兼文武世无双”的联幅赠给中山王徐达。这不仅开创了“题赠联”的先例，同时也突破了过去五言、七言对联的模式，开创了多字联的先河。朱元璋的重视、倡导和示范，对明代对联之风的盛行起到了重要的促进作用。

到了清朝，贴对儿之风进入全盛时期。由于乾隆皇帝对对联情有独钟，不仅皇宫中设专人专为皇帝撰写“应制联”；而且每逢除夕，都要让翰林学士们大撰春联，挂满皇宫各殿；每逢寿诞，还要大搞献联祝寿活动；平时也常同臣僚学士们口头唱和，斗智斗乐，趣联佳作层出不穷。据《春明采风志》和《随园诗话》记载：京师进入腊月“塾师学长多卖对联者”；“沿途听爆竹，逐驿读春联”。清代对联之风的盛况可见一斑。

对联从五代创始，宋元兴起，明清大盛，这就是对联在我国古代发展流行的历史概况。

清朝末年，当我国进入民主革命时期以后，在孙中山、毛泽东等革命领袖的倡导下，对联这一文体不仅仍被广泛使用，而且在内容和形式上也都呈现出全新的特色。不仅在内容上彻底摒弃了古代“应制联”那种歌功颂德、粉饰太平的腐朽思想，使对联变成了宣传革命思想、鼓舞人民大众参加革命斗争的有力武器，而且在形式上也由过去的文言体改用口语白话体，通俗易懂，一目了然。例如：

革命尚未成功　同志仍须努力

（孙中山）

坚持抗战，坚持团结，坚持进步，边区是民主的革命根据地；

反对投降，反对分裂，反对倒退，人民有充分的救国自由权。

（毛泽东）

新四军拼命抗日　老百姓安心过年

（解放区春联）

对联同其他文学作品一样，都是反映时代精神面貌的晴雨表。中华人民共和国成立之后，人民当家做主，革命意气风发，对联也呈现出焕然一新的面貌，成为鼓舞人民大众奋发向上、勇往直前的巨大动力。例如：

听毛主席话　跟共产党走

抗美援朝　保家卫国

好好学习　天天向上

发展体育运动　增强人民体质

鼓足干劲　力争上游

十一届三中全会以后，特别是改革开放以来，国家繁荣昌盛，人民幸福安康，对联更成为人民大众庆节贺喜、抒情言志最常用的文学工具。举国上下，城镇乡村，各行各业，家家户户，逢年遇喜，必贴对联，这已成为我中华民族的一大民俗。当代，对联之风盛况空前，联语的意境之新是自古以来历朝历代所不能比拟的。例如：

破千年旧俗　立一代新风

破旧立新毛泽东唤睡狮醒　改革开放邓小平教蛰龙飞

树雄心披荆斩棘创大业　立壮志发家致富奔小康

春风暖神州改革花开香万里　红日照大地开放旗展映千秋

昌盛时代彩笔绘出新天地　大兴年头赤县变成极乐洲

第二章　制联规则

对联，这一独特的文学形式，具有很强的政治性、思想性、文学性和艺术性。要想创作出意境深远、结构优美、对仗工整、音韵流畅、节奏铿锵悦耳、使人喜闻乐见的佳联来，创作时就必须严格遵循制联的基本规则。

一、立意准确，是非分明

对联是人类用以抒发思想感情的文学工具。因此，制联前首先要对制联的目的和意义十分明确。是庆节，是贺喜，是祝寿，是挽丧，是绘景状物、抒情言志，还是颂正讽邪、言情逗笑，必须立意准确，是非分明。同时，制联时使用何种构词手法和构成何种联体，也必须成竹在胸，方可一挥而就，创作出优美动人的佳联来。

二、字数相等，句式相同

一副对联字数多少没有限制，少则三五字，多则成百上千字均可。不过，最常用的多为五字、七字、九字、十一字，因其简洁明快，一目了然，音韵流畅，悦耳动听。

一副对联，字数虽然不论多少，但其上下两联中的字数必须完全相等，上联是几个字，下联也必须是几个字，绝不允许有多有少，长短不齐。

一副对联，上下联中不但字数必须相等，而且句式也必须相同，就是上下联所对应的词组的字数也必须相同。例如：

勤有功
戏无益

（一、二式）

境由心造
事在人为

（二、二式）

破千年旧俗
立一代新风

（一、四式）

天开三春景
人描四化图

（二、三式）

人无信不立
天有日方明

（三、二式）

同心同德建国
克勤克俭持家

（四、二式）

智慧源于勤奋
伟大出自平凡

（二、四式）

宜未雨而绸缪
勿临渴而掘井

（三、三式）

松竹梅岁寒三友
桃李杏春暖一家

（三、四式）

四面湖山归眼底
万家忧乐到心头

（四、三式）

处处从实际出发
事事为群众着想

（二、五式）

与有肝胆人共事
于无字句处读书

（五、二式）

鸟语花香风和日丽
国强民富人寿年丰

（四、四式）

辞旧岁窗花映白雪
迎新春喜鹊闹红梅

（三、五式）

出售古今中外名著
满足男女老少需求

（二、六式）

喷银吐玉深挖千眼井
铺锦织翠精耕万顷田

（四、五式）

男女奔四化闻鸡起舞
老少战九州跃马扬鞭

（五、四式）

保边疆何惧豺狼虎豹
为人民敢闯火海刀山

（三、六式）

知识无穷尽勤学便得益
科学有险阻苦战能过关

（五、五式）

人寿年丰生活似糖似蜜
风和日丽光景如画如诗

（四、六式）

学如逆水行舟不进则退
心似平原走马易放难收

（六、四式）

要节约半丝半缕半寸布
不浪费一粥一饭一分钱

（三、七式）

边读书边劳动能文能武
学政治学技术又红又专

（三、三、四式）

龙涧风回万壑松风连海气
鹫峰云敛千岩桂月映湖光

（四、七式）

争分夺秒勇创业时不我待
精打细算善经营事在人为

（七、四式）

创业靠英才务使芝兰并茂
育人播心血定教桃李同芳

（五、六式）

身站三尺柜台心似一把火
笑迎八方顾客情暖万人心

（六、五式）

贵有恒何必三更睡五更起
最无益只怕一日曝十日寒

（三、五、三式）

秉忠心爱祖国挑起千钧重担
立壮志守边疆保卫万里河山

（三、三、六式）

三、词性相照，结构相应

古代“属对”要求分清词性的“有无虚与实，死活重兼轻”，并依据“有迹可指者为实，无形可见者为虚；体本乎静者为死，用发乎动者为活”，把词分为“虚、实、助”三类。“实”和“虚”又分为“实”和“半实”“虚”和“半虚”；“虚”又分为“死”“活”两类。例如：

“实”：天、地、鸟、兽等。

“半实”：文、武、气、力等。

“虚”（活）：吹、腾、奔、流等。

“虚”（死）：高、长、坚、柔等。

“半虚”：上、下、里、外等。

“助”：者、也、乎、然等。

“实”为名词；“半实”为抽象名词；“虚”（活）为动词；“虚”（死）为形容词；“半虚”除方位词外，还包括抽象形容词和时间词；“助”为助词、介词和连词。

古代“属对”要求的“实对实，虚对虚，活对活，死对死”，其实就是要求名词对名词，动词对动词，形容词对形容词，数量词对数量词，副词对副词，这就是“词性相照”。

不过，这还是比较笼统的说法，因为上列词类中还可再分为各种小类。

例如：古代把“名词”又分为：

天文类：日、月、风、云等；

地理类：山、水、江、河等；

人事类：德、才、智、勇等；

形体类：身、心、手、足等；

时令类：年、节、朝、夕等；

文学类：诗、词、书、画等；

文具类：纸、墨、笔、砚等；

居室类：楼、房、门、窗等；

器物类：刀、枪、杯、盘等；

服饰类：衣、帽、鞋、袜等；

饮食类：饭、茶、酒、菜等；

植物类：草、木、花、果等；

动物类：鸟、兽、虫、鱼等。

严格地讲，词性相照应该按照小类相对，天文对天文，地理对地理，植物对植物，动物对动物……这样对成的对联才更为工整优美。例如：“春风桃李花开日，秋雨梧桐叶落时”，就是天文对天文，植物对植物，名词对名词，动词对动词，全都两两相对，自然工整优美。

古人还要求“联绵词”也必须词性相照。例如：“对对鸳鸯鸟易散，双双伴侣人难分”，“鸳鸯”和“伴侣”均为连绵名词；“五岭逶迤腾细浪，乌蒙磅礴走泥丸”，“逶迤”和“磅礴”均为连绵形容词，都是名词对名词，形容词对形容词的。

不过，需要说明的是，词性有时是可以变化的。例如：在抗日战争中，日本侵略者宣布投降后，四川成都人民在欢庆胜利游行时打出一副横联：“中国捷克日本，南京重庆成都”。“捷克”本是国家名字，“重庆”本是城市名字，均为名词，但在此联中却均作动词使用。意为：中国迅捷克胜日本，南京重新欢庆成为中国的首都。又如：周恩来总理在画家何香凝老人献给抗美援朝志愿军的“喜鹊牡丹图”上题词：“喜报援朝胜利，花贻抗美英雄”，其中的“喜”和“胜利”本是形容词，但在此联中均作名词使用。

所谓“结构相应”，就是要求上下两联中对应词的词性结构也应该相对一致。例如：在杭州岳飞墓前跪着的奸相秦桧夫妇的石像两边有一副对联：“青山有幸埋忠骨，白铁无辜铸佞臣”。联语中的“青山”和“白铁”同为偏正结构，“有幸”和“无辜”，“埋忠骨”和“铸佞臣”均为动宾结构。由于词性结构相应，不仅读起来铿锵悦耳，同时看起来也工整美观。

四、平仄相对，仄起平落

所谓“平仄”，是汉字声韵和古诗词格律的术语。在古代，汉字的声韵分为“平、上、去、入”四声，平声为“平”，上、去、入三声为“仄”。现代汉语将汉字的声韵改为“阴平、阳平、上、去”四声，阴平、阳平二声为“平”，上、去二声为“仄”。

所谓“平仄相对”，就是要求上下两联中相对应的字应当字字平仄相对，上平下仄，上仄下平。如果平仄相同便称为“合掌”。凡合掌者，即为“不工”。因此，这就要求上下两联中相对应的字是不能互相重复的，如果重复则为“合掌不工”，不仅读起来拗口不顺，看起来也平庸无趣。例如：晋代船妇对纤夫联：

女子何不调机弄杼，因甚傍河摇橹？

丈夫何不跨马扬鞭，因甚傍河牵船？

所谓“仄起平落”，是指上联的最后一个字应为“仄”声字

（起韵），下联的最后一个字应为“平”声字（落韵）。这也是区分上下联的声韵依据。

过去流传的声韵口诀是：“平对仄，仄对平，一三五不论，二四六分明”。其意是说：在使用平声字和仄声字交错组联时，第一、三、五字的平仄不必死扣，但第二、四、六字的平仄应当交错安排，只有如此，联语的声韵才能和谐流畅。

汉字的声韵规律性是很强的，仄声字具有短促有力的特点，而平声字具有舒缓悠长的特点。因此，在创作对联时，平声字和仄声字应该合理地交错安排，妥善地把握好汉字抑扬顿挫的节奏规律，使其在音节上能够产生出轻重、抑扬、回旋的音乐美，这样读起来才会和谐流畅、铿锵有力、悦耳动听。例如：

五字平起式：星垂平野阔
（平平平仄仄）
月涌大江流
（仄仄仄平平）

五字仄起式：明月松间照
（仄仄平平仄）
清泉石上流
（平平仄仄平）

七字平起式：洞庭波涌连天雪
（平平仄仄平平仄）
长岛人歌动地诗
（仄仄平平仄仄平）

七字仄起式：红雨随心翻作浪
（仄仄平平平仄仄）
青山着意化为桥
（平平仄仄仄平平）

不过，需要说明的是，当代人用白话口语作对联，有时是不去死扣词性、结构和平仄的。即使词性结构不太相照，平仄不太相对，只要立意新颖，内容关联，句式相同，形似对偶，词语得当，读来顺口，即可成联。此类联语称为“宽对儿”。

例如：1930年十二月上旬，蒋介石发动对中共中央江西革命根据地实行大围剿时，毛泽东主席在小布主持召开“苏区军民歼敌誓师大会”，并为大会题写了一副对联：

敌进我退，敌驻我扰，敌疲我打，敌退我追，游击战里操胜算

大步进退，诱敌深入，集中兵力，各个击破，运动战中歼敌人

五、横批

横批，也叫横额，就是贴在门楣中间的横幅。

根据我国古今习惯，除挽联、寿联不用横批外，楹联、贺联、题赠联、自勉联有用有不用，但春联、婚联则均须有横批。

横批是联语内在含意的提示和点睛之笔，必须和联语内容含意相一致，既不能随便使用与联语含意毫不相干的词语去凑合，也不能使用联语中用过的原话来应付，以免失义或重复。例如：

金鸡歌盛世福如东海长流水

玉燕舞春风寿比南山不老松

——福寿盈春

书山有路勤为径

学海无涯苦作舟

——勤学苦练

六、落款

根据古今习惯，春联、婚联均不需落款，贺联、挽联等需要落款时，落款字应较联语字略小点儿为好。

落款分为上款和下款。上款应题在上联右边上半部位，起首应平于、低于而不可高于联语字，下边不能一写到底，底下应留出约五分之二的空位来。下款应题在下联左边的中下部，下边不应低于联语末位字。

如若是双行长联，上款应题在上联第二行字下边的空位里，略偏左一点；下款应题在下联第二行字下边的空位里，略偏右一点。

上款中应包含名字、称谓和标联语三部分。应先写名字、再写称谓、后写标联语。

名字：对单位的直书单位名称；
对长辈的只书辈分，不书名字；
对同事的只书号或名，不书姓；
对领导、师长的可书姓名。

称谓：对长辈的只书辈分名称；
对领导、师长的书“先生”“尊师”等；
对同事的书“同志”“兄”“弟”等；
对晚辈的书其父名后再书其名字。

标语联：贺婚的书“新婚之喜”“结婚志喜”等；
祝寿的书“华诞”“寿诞”“诞辰”“寿辰”等；
挽丧的书“千古”“永垂不朽”等；
开张的书“开张志喜”“开市大吉”等；
迁居的书“新宅落成志喜”“乔迁之喜”等。

下款中应包含称谓、具名和具名语三部分，先书称谓和具名，后书具名语。

称谓和具名：对长辈的书自己的辈分和名字；
对领导的只书自己的姓名；
对师长的书“学生”和自己的姓名；

对同事的书“友”“兄”“弟”和自己的姓名。

具名语：贺喜的书“贺”“恭贺”“敬贺”等；

祝寿的书“恭祝”“敬祝”“恭贺”“敬贺”等；

挽丧的书“恭挽”“敬挽”“泣挽”等。

例如：

×× 兄新婚志喜

弟 ××× 恭贺

×× 兄令郎 ××× 新婚之喜

弟 ××× 恭贺

祖父百年华诞

孙 ××× 敬贺

××× 尊师千古

学生 ××× 敬挽

伯父大人乔迁之喜

侄 ××× 敬贺

×××× 公司开张志喜

××× 恭贺

七、书写

1. 用笔。根据古今习惯，对联同书法始终是融为一体的。题写对联通常均使用毛笔书写，因为一副好的对联必须配上一手好的书法，才能充分展现出联语的文学美和书法的艺术美，才能引人注目，驻足观赏，在赏心悦目的观赏中受到教育和启迪。一副对联应当使用同一支笔和同一种墨色写成，包括横批和落款，以免由于笔迹和墨色的差异而影响其美观度。

2．字体。书写对联最常用的字体为楷体、隶体、行草体。楷体端庄，隶体俏丽，行草体流畅。不论使用何种书体，同一副对联一般只应用一种书体写成，最好不要掺杂使用。

3．纸墨。凡属喜庆类对联，均应使用鲜红纸张、黑色墨汁或金汁（用清漆、汽油、金粉调和而成）书写。凡属挽丧的，均应使用白纸、黑墨或者使用青紫色纸、白色书写。喜、丧两类纸墨切勿用错，以免闹出笑话来。

4．题前准备。书写前首先要定好联纸的宽窄和长短。两联纸应连在一起，先不要割开，只需折出折痕即可，这样在书写时便于把握上下联字位的左右照应。初学书写者，还应将联纸按字数折出格痕；在折格时联纸上端应多留出多半个字位的空位，联纸下端也应多留出少半个字位的空位，这样在对联写成后才显得美观大方。书写前，应先将联纸在桌子上铺平，上下两端用镇物压牢，以防在书写中因联纸卷曲造成污损。

5．书写。根据古今习惯，门联必须直贴直读，因此在书写时就必须由上而下地直书，同时还必须遵守右上左下的规则。由于书写者多为悬腕而书，上下联先写哪边都行。如果对联较长，一次写不完时，可先写两联的上半部分，将联纸上移压牢后再写两联的下半部分。在上移时，上半部分应由人平拉着，切莫让联纸下垂，以免积墨流淌，造成污损。书写时，字应写在联纸中央，不可偏左或偏右，字宽约占联纸的四分之三左右，不可写得太大或太小。字形应大小匀称，间隔相同。若用行草体书写，字形大小长短不限，字位总体调匀即可。

如系字数过多的长联，一行写不了的可分为两行书写。上联先右后左，下联先左后右，因为对联必须对称。两行字上端平齐，切不可像写文章那样错两个字位。第二行不可像第一行那样一写到底，下端应留出约三分之一的空位来才较为美观。

对联一般均不加标点。如若字数过多的长联，可加标点，以便阅读。

6. 放晾。对联写成后，应当用两手拿平联纸两端，平行移放到地上晾干，切勿用一手掂起，以免积墨流淌，造成污损。纸上积墨既不能用纸压吸，也不能放到太阳下曝晒，更不能架在火上熏烤，以免造成字迹污染，联纸起皱，影响其美观度。

八、张贴

对联张贴前，先将晾干后的对联割开，记清上下联。张贴时一定要把上联贴在右手一边（门的左边），下联贴在左手一边（门的右边）。这是因为我国汉字的读法为：凡直书直读者必须从右首起读。对联系直书直读的文学作品，所以上联必须在右，下联必须在左，对联的书写格式和贴法如下图：

喜迎新春

爆竹声声辞旧岁旧风
俗随旧岁辞去
（上）

象随新春迎来
和风丽日迎新春新气
（下）

人寿年丰

天增岁月人增寿
（上）

春满乾坤福满门
（下）

××尊师千古
松柏凋谢伤化雨
（上）

桃李挥泪悲春风
学生×××敬挽
（下）

云路仰天高难复雁
行分只影
夫××千古
（上）

树折连枝
风凄照露冷恩爱断
妻××泣挽
（下）

九、勤学苦练，精益求精

在掌握上述制联规则的基础上，还应多看多学各种有关对联知识的专集专论，只有博采众长，方能集思广益。平时除注意浏览观赏外，还要常同人们在一起对对对子，借以开发智力，敏捷思维。凡遇到一个好的句子，就应千方百计对出一个对句来，并应反复推敲、修改，力求使其既有新的蕴意，又在句式、词性、结构、平仄各方面都能对仗工整。功夫不负有心人，只要矢志不渝，勤学苦练，不愁作不出词义俱佳的好联来。

对联同书法融为一体，凡钟情于对联的人也必然钟情于书法。一个人要创作出一副佳联来固然不易，要练成一手好的毛笔字来难度更大。毛笔字一般应从小练起，如系半路而学，只要勤学苦练，一年半载也可成才。学写毛笔字一般应先从楷书练起，打好楷书基础后再练行书。练行书不必死仿一家，应博采众长。画家齐白石曾经坦言："学我者生，似我者死"。练书法也一样，只要在掌握行草书法规律的基础上，如能随心所欲，便可自成一家。

学吧！练吧！中华民族的优秀文化遗产等着你们来继承！中华民族的优良传统也等着你们去发扬光大！

学吧！练吧！世上无难事，只怕有心人！不论先学后学，不论男女老幼，只要下定决心，持之以恒，勤学苦练，精益求精，就能达到"腹荀渊博，记颂功深，信手拈来，雍容自然"的理想境界，不仅可以创作出各式各样、优美动人的奇联佳作，也能写出一手赏心悦目的好字，充分展现出你的文学造诣和书法天赋。练对练字，心旷神怡，利国利民，益寿延年！

第三章　对联分类

千百年来，有关对联分类的方法和形式千姿百态，各有所长。综观古今对联，从其产生方式和使用范围来看，主要分为唱和联和实用联两大类。

“唱和”本指古代一人作了诗词，他人按其韵作诗词应对，称为“唱和”。联语流行后，一人出上句，一人对下句，也称作“唱和”。“唱和联”就是师生之间、父子之间、主考和考生之间、朋友之间，你出上句，他对下句，一出一对，一唱一和中即兴用口语创作而成的联语。唱和联从其唱和立意和联语含意来看，主要可分为试智联、斗智联、讥讽联、言情联、逗笑联五类。

“实用联”则是针对专人、专事、专题、专用的联语。实用联同唱和联的不同之处在于它的社会实用价值。综观古今实用联的使用范围，主要可分为节庆联（以春联为主）、喜庆联（以婚联为主）、寿联、挽联、行业联、格言联（主要由自勉联、题赠联、训教联、诗词集句联构成）、风景联、楹联等等。现予分述如下：

一、唱和联

“唱和”，就是口头对对儿的雅称。

在古代，随着魏晋南北朝四、六句“骈文”和唐代五、七言“律诗”的流行，由于骈文和律诗中含有大量对仗工整、生动有趣的联语深为广大文人所钟爱，于是，在文人中以联语形式对话便应运而生。相传，西晋文学家陆云（字士龙）和荀隐（字

鸣鹤）在朋友张华席上相遇时，陆云自我介绍说："云间陆士龙。"荀隐答曰："日下荀鸣鹤。"由于这两句话恰成一副对仗工整的联语，传为佳话。据《全唐诗话》卷四记载：唐代诗人温庭筠和李商隐也曾口头唱和："远比邵公三十六年宰辅"，"近同郭令二十四考中书"。北宋诗人苏东坡说过："天下无语不成对"，"世间之物未有无对者"。他还举例把唐太宗说过的"我见魏征常媚妩"和后来唐德宗说过的"人言卢杞是奸邪"两句话合起来组成一副联语。当时有一学士不屑其言，以孔子说过的"惟女子与小人为难养也"之句令其对，苏即以"四书"中"有寡妇见鳏夫而欲嫁之"之句对之，工稳贴切，巧妙自然，该学士方信之。

不过，促进唱和活动广泛流行的根本原因还在于古代选才方式的影响。古代选才要通过层层考试。在童子试（取童生）、庠试（取秀才）、乡试（取举人）、会试（取进士）、殿试（取状元、榜眼、探花，即前三名）等层层考试中，不仅要考查考生文章的写作水平，还常用口头对对儿的方式考查考生的文化素质和应对能力。因此，全国各地的私塾、书院为了应对各级科举考试时口头对对儿的需要，均在开设文化课的同时特开"对课"，对学生系统进行对联知识教育，并在师生之间、学生之间定期开展口头对对儿活动，借以敏捷思维，提高应对能力，使学生在各级科举考试中能够脱颖而出，成才成名。广大学生家长和社会各界也十分看重口头对对儿的教育作用和应试功能，为了望子成龙，也经常即兴出句令其对。由于举国上下对口头对对儿活动的高度重视，这就使口头唱和活动广泛流传开来。古代大量的奇联佳作也大都是在师生之间、父子之间、主考和考生之间、朋友之间为了试智斗智、讥讽斗骂、言情逗笑，你出上句，他对下句，一出一对，一唱一和中即兴用口语创作出来的。此类联语即称为"唱和联”。

唱和联涉及范围极其广泛，但就其唱和立意和联语含意来看，主要可分为试智联、斗智联、讥讽联、言情联、逗笑联五类。

（一）试智联

“试智联”，就是在试才试智唱和中所形成的联语。

古往今来，我国有许多少年儿童天资聪慧，才智机敏，被誉为“神童”。教师、家长、主考以及社会各界，为了试才试智，经常即兴出句令其对，他们反应神速，对答如流，奇联佳作，层出不穷。例如；

鹦鹉能言难似凤
蜘蛛虽巧不如蚕

（宋代文学家王禹偁八岁对太守毕文简。出句言鹦鹉虽然能学人言，但不如凤凰美丽；对句言蜘蛛虽能吐丝结网、捕虫自食，但不如蚕吐之丝可织绫罗绸缎，造福于人。寓意高雅，略胜太守一筹。）

山上古松，探出龙头望月
园中紫竹，攒起凤尾朝天

（北宋神童宗泽六岁对嫂嫂。对仗工整严谨，状物生动形象。）

七岁儿童当马驿
万年天子坐龙廷

（七岁驿童对明太祖朱元璋。才智机敏，龙颜大悦。）

木鱼口内含珠，吞不入，吐不出
纸鹞腰间系线，放得去，收得来

（明代书画家唐伯虎幼年对其父。“纸鹞”即风筝。状物形象，巧妙自然。）

甜瓜切破，分成两片玉玻璃
炒豆捻开，抛下一双金龟甲

（唐伯虎幼年对客人。生动形象。）

千年老树当衣架
万里长江作浴盆

（明代翰林学士解缙七岁长江游泳时对其父。即景应对，工整贴切。）

袖里笼花，小子暗藏春色
堂前悬镜，大人明察秋毫

（解缙幼年对其父。工稳贴切，巧妙自然。）

天作棋盘星作子，谁人敢下
地当琵琶路当弦，哪个能弹

（解缙幼年对朝官。立意奇巧，气势宏伟，生动形象，堪为佳作。）

仙女吹箫，枯竹节边生玉笋
佳人张伞，新荷叶底露金莲

（解缙九岁时郊游对其父。出句以人喻笋，对句以荷拟人，切景切情，如诗如画。）

日晒雪消，檐滴无云之雨

风吹尘起，地升不火之烟

（明代翰林学士王汝玉七岁对其父。生动形象。）

神童脚短

（英宗见李东阳迈不过门槛时出句）

天子门高（李东阳对）

螃蟹浑身甲胄（英宗出句）

凤凰遍体文章（程敏政对）

蜘蛛满腹经纶（李东阳对）

鹏翅高飞，压风云于万里（英宗出句）

鳌头独占，依日月以九霄（程敏政对）

龙颜瑞拱，位天地之两间（李东阳对）

（明代英宗皇帝诏神童李东阳、程敏政入宫试才，他们才智机敏，对答如流，后来二人官至吏部尚书。）

同登凤凰台

独占麒麟阁

（明代工部侍郎、民族英雄于谦八岁游凤凰台时对叔父。雄心壮志，溢于言表。“麒麟阁”为汉宣帝时绘霍光等功臣像挂在阁中，以表其功。后人便以此阁为功臣良将之荣称。）

雏凤学飞，万里风云从此始

潜龙奋起，九天雷雨及时来

（明代宰相张居正九岁对湖广巡抚顾应麟。出句赞其人小才高，前程远大。对句志壮情豪，又寓谢顾巡抚指点及时。神思机敏，才智超群。）

花坞春晴，鸟韵奏成无孔笛
村庭日暮，蝉声弹出不弦琴

（明代礼部尚书顾鼎臣幼年对塾师。立意奇巧，如诗如画，堪为佳作。）

柳线莺梭，织就江南三春景
云笺雁字，传来塞北九秋书

群雁摩空，排出几行无墨字
新蝉噪树，弹成一曲不弦琴

（顾鼎臣幼年对其父。生动形象，巧妙自然，堪为佳作！）

室内焚香，烟绕画堂蟠白蟒
池边洗砚，墨随流水化乌龙

（顾鼎臣幼年对朝臣刘梦蟾。烟飞白蟒，水漂墨龙，生动形象，赏心悦目。妙！）

世上岂无千里马
人间难得九方皋

（明代吏部尚书杨一清八岁对翰林院掌院教习庶吉士。“千里马”为贤臣良将之代称。“九方皋”善于相马，被伯乐推荐给秦穆公受重用。古代称“伯乐”为识才、荐才之贤臣。用典贴切，对仗工稳，谦恭有礼，才智不凡。）

手拿两盅文武酒，饮文乎？饮武乎？

胸藏万卷圣贤书，希圣也？希贤也？

（杨一清十二岁京试对尚书。反唇相问，才智机敏，答非所问，巧妙自然，非才子莫能为。）

杨花就地滚成球，春风蹴鞠

梅影当窗横作画，夜月丹青

（明代状元施槃幼年对塾师。“蹴鞠”即踢球；“丹青”即图画。自然贴切，生动形象。）

银湖院后虎耳草

金石宫前龙眼花

（明代状元林大钦十四岁任塾师时对族长。工整严谨，巧妙自然。绝！）

人面戴鬼脸

虎榜跳龙门

（明代神童王洪五岁对塾师。师见王戴鬼脸玩耍，即景出句；王人小志大，要登虎榜、跳龙门。妙！）

恼人无物比离愁，恰似一川梅雨

快意有谁同爽气，浑如万壑松风

（王洪应试离家时对其父。爽气满怀，离愁自消。）

画图中，龙不吟，虎不啸，看见童子，可笑可笑

棋盘内，车无轮，马无足，喝声将军，别跳别跳

（明代状元伦文叙幼年踢球时球飞入广州镇守史王天禄园

中，伦入园拾球，恰逢王在园中下棋，王手指壁画“虎啸龙吟图”出句试才；伦即以棋盘对之，工整贴切，幽默风趣。）

大蝴蝶遍体锦绣
小蜘蛛满腹经纶

（伦文叙九岁书院对主考。工整贴切，被点为“冠首童生”。）

瓶中斜插四枝花，桃杏梨李
案头横挂一轴画，松竹梅兰

（伦文叙广州乡试对巡抚。巧妙自然，高中榜首解元！）

跌倒小书生
扶起大学士

（明代文学家梁储幼年对其父。出句自然随便；对句气势高昂。人小志大，神童神矣。）

电掣云端，火焰拽开金络索
月沉湖底，碧波涌出水晶球

（明代才子白圻七岁对塾师。出句状闪电，生动形象；对句绘湖光月色，贴切逼真。妙！）

莺入榴花，似炼黄金数点
鹭栖荷叶，如堆白玉一盘

（明代才子陆采幼年对其父。生动形象，如画如诗。）

称直勾弯星朗朗，可知轻知重
磨大眼小齿稀稀，能分细分粗

（明代钟惺幼年对学台。也有说是竹枝山对沈周。）

雨过天晴，顷刻呈来新世界
日昏云暗，须臾不见旧江山

（明末李自成十六岁学堂对塾师。出句意在即景；对句意在讽世。后来，李自成果然率领农民起义军兴兵伐明，干出了一番惊天动地大事业。）

高烧红烛映长天，亮光铺满地
低点花炮震大地，响声冲云天

除夕月无光，点几盏灯为乾坤增色
初春雷未动，击数声鼓代天地宣威

（清代宰相张廷玉九岁除夕对其父。豪情壮志，溢于言表，堪为绝世佳作。）

蜘蛛有网难罗雀
蚯蚓无鳞欲成龙

（清代进士李调元幼年对其父。有志者事竟成。）

红蓼营神童七岁
紫禁城天子万年

火烧赤壁兵难进
雪拥蓝关马不前

（清代神童王锡龄七岁对总教习王尔圻。才智机敏，对答如流。）

鱼餍水纹圆到岸

龙嘘云气直冲天

（清代神童蔡寿昌幼年对太守赵学辙。）

马齿苋

鸡冠花

（清代文学家法式善七岁对塾师。工整贴切。）

南皮县文童七岁

北京城天子万年

（清代洋务派首领张之洞七岁对道光皇帝。）

驼背桃树倒开花，黄蜂仰采

瘦脚莲蓬歪结子，白鹭斜视

（张之洞幼年对塾师。驼、倒、仰，瘦、歪、斜六字生动传神，巧妙自然，令人拍案叫绝。）

轻摇纨扇，清风透入人怀

高捧玉盘，明月飞来吾手

（清代《巧对续录》载：隋瑶对县官。）

何晏也

王勃然

（清代作家施鸿保幼年对塾师。典出《论语·子路》：“子曰：何晏也？”“晏”为迟、晚之意。《孟子·万章下》：“王勃然，变色乎？”王，指齐宣王。）

海到无边天作岸

山登绝顶我为峰

（清代民族英雄林则徐幼年对塾师。高瞻远瞩，生动形象，雄心壮志，溢于言表。）

秋月如盘，人在冰壶影里

春山似画，鸟飞锦帐围中

（清代神童陈起宗幼年对塾师。）

以文章宣扬天地正气

用武术扫除宇宙歪风

（清代神童冯梦招八岁对塾师。）

夜浴鱼池，摇动满天星斗

早登麟阁，力挽三代乾坤

（洪秀全幼年对塾师。出句壮景，生动形象；对句抒情，壮志凌云。）

小姑娘口若悬河

大学士身如泰斗

如此英雄，从善如流，实在少见

这位豪杰，虚怀若谷，甚觉难逢

五行拳尚能记否

六合刀仍未忘怀

无意相逢，喜识千里马

有缘邂逅，胜读万卷书

是否愿学文安邦

确实想习武保国

（清末少年武女对作家向恺然。才智机敏，对答如流，文武双全，巾帼之英才矣！）

你是小神童

我乃大总统

（孙中山幼年对塾师。神！）

独角兽

比目鱼

（文学大师鲁迅幼年对塾师寿镜吾。“独”寓单数，“比”寓双数，工整贴切。）

濯足

修身

（毛泽东幼年对塾师邹春培。“濯足”即洗脚。“修身”即修性立德。）

不为列强之奴仆

要做中华之主人

（周恩来幼年对塾师。抗敌保国之情溢于言表。）

路边梨不摘

月里桂常攀

（朱德幼年对塾师。出句意在要学生遵守纪律，不要偷摘路边梨果。对句却要攀宫折桂，立志成才。妙！）

孙行者

祖冲之

（清华大学教授陈寅恪出句考考生，无对，自对。工整严谨，堪为佳作。）

昨日偷桃钻狗洞，不知是谁

他年攀桂步蟾宫，必定有我

（文学大师郭沫若幼年对塾师。才智机敏，奇巧有趣。）

出山海，踞岭催涛，纵观千秋华夏风流史（出句）

立昆仑，依天仗笔，好绘四化神州锦绣图（对句）

望澎台，临风寄语，常念万代炎黄骨肉情（对句）

（1982年中央电视台等单位春节征联选）

水木荣春晖，柳外东风花外雨

江山留胜迹，春时明月汉时关

四序更新巍巍哉，万里长城三春不老

一元复始灿灿乎，千年古国九鼎生光

众志奏奇功，古迹重光，碑树北陲铭睿智

冰原开伟业，新春初度，誉驰南极领风流

崇山西越，沧海东临，明月雄关犹想当年鼙鼓

晓色晴开，春风漫度，柳枝清笛还听今日笙歌

修我长城荡荡焉，非怀柔安边，乃举十亿神州，欲驾祥龙奔旭日

爱余故国拳拳也，诚居庸望远，定开四化伟业，当招彩凤伴春光

（1985年中央电视台等五个单位以歌颂长城为主题第三届迎春征联选。上为获一等奖的五副对联。）

春到杜鹃山，花香鸟语（出句）

晓临紫竹院，调雅笛清（宋贞汉对）

情牵蝴蝶谷，泉温梦圆（黄尚布对）

（2002年中央电视台贺春第二集征联选。出句立意奇巧，“杜鹃”既言杜鹃山，又寓杜鹃鸟、杜鹃花。对句“紫竹院”既为古乐府，又寓竹笛、曲调。“蝴蝶”既是谷，又寓蝴蝶泉、蝴蝶梦。工整贴切，巧妙自然。）

无奈选择，明智选择，源于尊重（出句）

成功也罢，失败也罢，造就人才（对句）

恨也不是，爱也不是，顺乎自然（对句）

（2002年中央电视台《交流》栏目，“选择”现场征联选。常江出句，观众对。）

鱼雁传书，是忧是喜（常江出句）

江河入海，合情合理（周广征对）

莺燕寄语，无忌无猜（刘福堂对）

（2003年中央电视台《交流》栏目，“儿子收到女生的信”征联选。）

（二）斗智联

斗才斗智，文人之好，古今皆然。智从斗生，才由斗长，斗趣无穷。斗智联意在“斗智”，因此，唱和双方不仅在立意构思上呕心沥血，力求新颖别致；同时在构词造句上殚精竭智，力求奇巧有趣。所以，斗智联便呈现出文学性强、艺术性高的突出特征。例如：

清风明月本无价
近水遥山皆有情

（北宋文学家欧阳修在撰写《沧浪亭》诗时，吟成上句后久思无对。大学士苏子美以唐代诗人苏舜钦《过苏州》诗中句“绿柳白鹭俱自得，近水遥山皆有情”对之，并且“沧浪亭”又是苏舜钦遭贬罢官后在苏州花四万两银子买下沧浪园建起的。真乃珠联璧合，工稳贴切，传为千古佳话。）

水向石边流出冷
风从花里过来香

（北宋大诗人苏洵在家宴上出句，限“冷、香”二字为韵脚，令子女对。）

拂石坐来夜带冷
踏花归去马蹄香

（苏东坡对句，生动形象。）

啼月杜鹃喉舌冷
宿花蝴蝶梦魂香

（苏小妹对句，俏丽迷人。）

熟蛋剖开舟两叶，内载黄金白玉
石榴打破坛一个，中藏玛瑙珍珠

（北宋诗人苏东坡对苏小妹。生动形象。）

松下围棋，松子每随棋子落
柳边垂钓，柳丝常伴钓丝悬

（北宋诗人黄庭坚对苏东坡。巧妙自然。）

岭上高亭，明月清风留客醉
山中古寺，白云流水伴僧闲

（宋代才子高季迪深山对才僧。）

二月莺花，声色动人耳目
九秋蟾桂，影香惹我身心

（宋代才子文衡山对王宠。“莺花”二字暗寓莺声花色，“蟾桂”二字暗寓月影桂香。立意奇巧，景色醉人！“动、惹”二字生动传神。妙！）

藕入泥中，玉管通地理
荷出水面，朱笔点天文

（明代卖藕翁对明太祖朱元璋。奇巧贴切。）

君臣千古遇
忠孝一生心

（明代翰林学士苏易简对明太祖朱元璋。）

枕耽典籍，与许多圣贤并头

扇写江山，有一统乾坤在手

（明代翰林学士陶安对明太祖朱元璋。）

风吹马尾千条线

雨打羊毛一片毡

日照龙鳞万点金

[明太祖朱元璋出句，朱允炆（后为建文帝）对句平庸无趣；朱棣（后为明成祖）对得气势宏伟。]

小村店，三杯五盏，没有东西

大明国，一统万方，不分南北

（明代小店主巧对朱元璋）

色难

容易

（明成祖朱棣对“色难”二字久思无对。问之宰相解缙，解曰：容易。朱问：容易如何不对？解曰：我不是对过了吗？相对一笑，佳作天成！）

庭前花始放

阁下李先生

（明代新科进士拜访阁老李东阳时，有称“阁下”，有称“李先生”，李即兴出句令对。众进士莫名其妙，不敢开口，李笑曰：“你们不是早已对过了吗？”众方大悟。李阁老倒也幽默风趣！）

池中荷叶鱼儿伞

梁上蛛丝燕子帘

（明代才子祝枝山对沈周。）

天近山头，走到山头天又远

月浮水面，看过水面月还深

（明代戏剧理论家李渔扬州桃花寺译经台上对老僧。如诗如画，切景切情。妙！）

独眼不登龙虎榜

半月依旧照乾坤

东启明，西长庚，南箕北斗，朕乃摘星汉

春牡丹，夏芍药，秋菊冬梅，臣是探花郎

（清代殿试时独眼进士刘凤浩对乾隆皇帝。出句奇巧刁钻，对句工整贴切，龙颜大悦，钦点刘为探花及第。人们誉称其为“对联探花”。天生我才必有用，莫畏身残不如人。此乃楷模矣！）

玉帝行兵，雷鼓、云旗、雨箭、风刀、天作阵

龙王夜宴，月烛、星灯、山肴、海酒、地为盘

（清代广东进士冯进修殿试对乾隆皇帝。出句奇巧刁钻，气势宏伟；对句才智机敏，工整贴切，非才子莫能为。）

半边淋雨，点点滴滴，化为长江巨浪，东至广，西至广，南至广，北至广，登秦楼而阅五十名峰，观山观水观日月，大清一统天下；

一介寒儒，磊磊落落，才成锦绣文章，庠之魁，乡之魁，会

之魁，殿之魁，步金阶以入十八学士，安国安民安社稷，今朝万古忠臣。

（清代状元王杰殿试对乾隆皇帝。堪为佳作。）

黄鹤楼中吹玉笛
白狼山上响金钟

（清代乾隆皇帝出下句，无人敢对。权臣和珅巧借诗仙李白诗句对之。和珅才智可见一斑。）

泰岱千峰，孔子圣，孟子贤，自古文章传东鲁
黄河九曲，文王谋，武王烈，万代道统在西齐

（清代状元王杰江南对举子。乾隆皇帝将“黄河九曲”改为“岐山一脉”更为贴切。）

大雨淋漓，洗净大街迎学士
天雷霹雳，打开天眼看文章

（清代御史徐法绩主考湖广对举子。此联立意奇巧，以天拟人，妙笔生花！出句谦恭有礼，对句正气凛然。绝！）

水月寺鱼游兔走
山海关虎啸龙吟

（清代状元彭浚对友人。此联立意奇巧，以“水月”“山海”四字巧做文章，水内鱼游，月中兔走，山里虎啸，海上龙吟，工整贴切，巧妙自然，堪为佳作。）

陶然亭

张之洞

（清代文人笑对洋务派首领张之洞。）

珠海船如梭，横织波中锦绣

羊城塔似笔，倒写天上文章

（清代广州幽默大师何淡如对友人。此联立意奇巧，状物生动，船如梭、塔似笔、横织、倒写，极尽风趣幽默之能事，趣乐盈怀，赏心悦目。滑稽大师，真滑稽也。）

麦浪无鱼，绿柳垂丝空作钓

海峰有燕，乌云布阵枉张罗

（清代巴山秀才魏明伦对戏剧家李之华。思维妙幻，趣乐横生。）

小沼沉星，似仙人撒下金棋子

古松挂月，如老龙擎出夜明珠

（清代秀才陈起宗对巡案。生动形象。）

香分花上露

水汲石中泉（茶馆联）

开坛千君醉

上桌十里香（酒楼联）

邂逅相逢，坐片刻不分你我

远行而来，品一盏漫话古今（远茶馆联）

劝君更进一杯酒

与尔同消万古愁（酒楼联）

酒能乱性
茶可清心（茶馆联）

有志者饮酒
无聊人喝茶（酒楼联）

（清代四川华阴县中兴镇“兴盛居茶馆”“望月楼酒家”两店隔街对门，以联斗智争顾客。）

虎行雪地梅花五
鹤立霜田竹叶三

画上行人，无晴无雨常打伞
屏中飞鸟，有朝有暮不归巢

独立小桥，人影不随流水去
孤眠客店，梦魂常逐故乡来

日照纱窗，莺蝶飞来，映出芙蓉牡丹
雪落板桥，鸡犬行过，踏成竹叶梅花

（古代文人唱和联。生动形象，如诗如画。）

杨柳枝上鸟声声，春到也？春去也？
青草池畔蛙句句，为公乎？为私乎？

（毛泽东上学时对安化县劝学所长夏默安。反唇相问，巧妙自然。）

灵丹可治亡国恨
醇酒难消灭寇仇

棋盘对阵，无残则亡，败势难挽回
神州交兵，有伤即治，胜局有指望

深山隐高士
盛世期斯民

（抗日战争时期，陈毅率新四军进入江苏茅山，由于少医缺药，伤亡惨重。闻知山中乾元观里有一医师辛三仙善医善药，好诗、好酒、好棋。陈三进乾元观，以棋酒唱和，请辛携药出山，为我军疗伤治病，忠勇才智令人钦敬。）

桃李花开，白面书生做春梦
梧桐叶落，青皮光棍打秋风

雪压竹低腰，君子如何屈节
雨滋花溅泪，美人因甚悲伤

满院桃花，春去落几番红雨
盈溪杨柳，晓来拖一缕青烟

（以上三联为网络联，倒也生动有趣，俏丽迷人。）

（三）讥讽联

“讥讽联”，是指那些讥讽斗骂的联语。在古代，有些文人学士遇到不平之事就会以联语作为宣泄之途径，惊世骇俗，入木三分。例如：

白鹅黄尚未脱尽，竟不知天高地厚

乌龟壳早已磨光，可算是老奸巨滑

（唐代诗仙李白十四岁对讽胡乡绅。）

内翰拜时须扫地

相公坐处幕漫天

（北宋翰林学士杨大年对宰相丁谓。丁讥笑杨朝拜皇帝时胡须拖地；杨讽骂丁专权横行，黑幕瞒天。“天”即天子、皇帝。）

吾之修书，亦可云猢狲入布袋矣

君于仕宦，又何异鲇鱼上竹竿耶

（北宋修撰梅晓臣夫妻唱和联。自嘲自讽！）

小犬无知嫌地窄

大鹏展翅恨天低

（明代翰林学士解缙幼年对乡绅。人小志大，豪气冲天！）

墙上芦苇，头重脚轻根底浅

山间竹笋，嘴尖皮厚腹中空

（解缙讥讽锦衣卫纪纲不学无术、嘴尖皮厚，生动形象，入木三分。开国主席毛泽东曾引用此联反对党八股。）

鲈鱼四腮，独占松江一府

螃蟹八足，横行天下九州

（明代松江知府对御史。我独断专权，你横行霸道，心知肚明，不打自招！）

狂犬无知，敢入深山斗虎豹

困龙未遇，暂来浅水伴鱼虾

（明代才子林奏我游师山城对蔡蓬益。出句盛气凌人，对句不卑不亢。后来，林官居布政史，蔡为南澳总兵。）

谁谓犬能欺得虎

焉知鱼不化为龙

（明代作家邱濬幼年对权贵之子潘徽。）

雏燕展翅，满地凤凰难下足

巨龙腾飞，一江鱼鳖尽低头

（邱濬应试前对潘徽。后来，邱得第，潘落榜。骄者必败。）

文昌桥上，秀才赤身露体，斯文丧尽

黄昏渡前，府尊搜肠刮肚，颜面丢光

（明代四秀才抚州拦考对知府。）

白扇遮牛面

乌纱罩狗头

（明代神童满朝荐九岁对句骂县官。）

细羽家禽砖后死

粗毛野兽石先生

（清代大学士纪晓岚幼年对塾师。此乃“无情对”，意在字字相对，其意不在骂人，其实却在骂人。）

云锁高山，哪个尖峰敢出
日照漏壁，这条光棍难拿

（清代进士李调元幼年对官绅。立意奇巧，生动形象。）

小童子两腿木耳
老大人一脸花椒

（清代洋务派首领张之洞幼年应试对主考。）

宰相合肥天下瘦
司农常熟世间荒

［清代户部尚书（司农）翁同龢、常熟人；全权大臣（宰相）李鸿章，合肥人。讥讽斗骂，不打自招。］

吴祭酒脱帽谈诗，斯文扫地
阮太史居丧观乐，不孝通天

（清代太史阮元因父丧回家守孝，宴会上出句调侃祭酒吴锡麟。吴反唇相讥，入木三分。）

刑户吏礼工兵，大堂六部
鸡犬牛马猪羊，小畜一院

（清代云南建水县书生对县吏。视六部大官为一院小畜，真乃奇人也！）

雪压竹枝头扫地，只因腹内空虚
风吹柳叶背朝天，足见眼前轻薄

（清代堂师对东家。东家欲辞堂师，堂师讽其薄情。）

鼠无大小皆称老
龟有雌雄总姓乌

（清代乌巡抚巡查杭州敷文书院时见一塾师年幼，出句讥讽；小塾师反唇相讥。活该！）

树大根深，不宿无名小鸟
滩干水浅，难藏有角蛟龙

（清代游师对豪绅。）

未得之乎一字力
只因而已十年闲

（宋代刑部尚书洪舜俞因在奏章中曾写“昔之宰相，端委庙堂，进退百官；今之宰相，招权纳贿，倚势作威而已”惹火烧身，空闲十年。其师叹曰：“当而而不而，不当而而要而，而今而后，而已而已。”讽世之幽默，令人捧腹！）

只许州官放火
不准百姓点灯

（宋代州官田登，不准人用“登”韵字。元宵出告示时写作：本州特准元宵放火三天。人题此联讽之。）

劈破石榴，红门里许多酸子
咬开银杏，白衣中一个大人

（明代兵部尚书谋略双全，未考而仕，被文人相轻，特撰此联讥讽经科考进入红门的多为酸腐之子；自己虽为白衣，却是一个堂堂正正的大人。“白衣”即未中过科举之人。）

鼠因绝粮潜踪去
犬为家贫放胆眠

（明代福州才子徐英讽世态。）

妖道恶僧，三令牌击退风云雷雨
贪官污吏，九叩首拜出日月星辰

（明代苏州大旱，贪官妖道，拜神求雨，糊弄百姓，人题此联讽之。）

同榜贵人多，饶他稳坐青牛，懒向人间谈道德
相逢知己少，愧我重登黄鹤，难从天上觅神仙

（清代进士舒铁香与李鸿章为同科进士。李任两江总督后，舒访拒见，舒题此联讽之。“坐青牛”典出道教创始人李聃，骑青牛，过幽谷。“黄鹤”即武汉黄鹤楼。）

雪逞风威，白占田园能几日
云依雨势，黑蒙天地岂多时

（清代进士蒋士铨讽恶绅。“白占”“黑蒙”，生动传神！）

忆当年一贫如洗，缺米缺柴，谁肯雪中送炭
到如今独占鳌头，有酒有肉，都来锦上添花

回忆去岁饥荒，五六七月间，柴米尽焦枯，贫无一寸铁，赊不得，欠不得，虽有远亲近邻，谁肯雪中送炭

侥幸今朝科举，一二三场内，文章均得意，中了五经魁，名也香，姓也香，不论张三李四，都来锦上添花

（以上两联为清代新科状元讽世联。事态虽有炎凉，但你一中状元便如此目空一切，讥亲讽邻，疏亲慢友，实在不近人情！我若逢此，永世不登其门！）

昔日未登台，世上几人曾识我

今朝初报鼓，场中哪个不仰头

（清代进士王应遇得第后题乡亲为其搭台唱戏庆贺之戏台联。假梨园而自鸣得意，虽然机巧，却有骄傲自满之嫌。）

赵子龙一身是胆

左丘明两眼无珠

（清《养古斋余录》卷八载：清康熙五十年江南乡试主考左必藩、赵晋二人贪赃枉法，将不学无术之盐商程光奎等录取，激起众怒，考生将财神像抬入文庙，将“贡院”匾额改为“卖完”，门上撰贴此联。后来朝廷废录惩贪，方平民恨。上句典出三国蜀将赵云（字子龙）长坂坡前独闯敌阵救阿斗之孤胆英雄。下句左丘明为《左传》作者，相传为盲人。）

五品天青褂

六味地黄丸

（清代文人唱和讥讽药商陈见山买官显贵联。工整贴切，生动形象，妙！）

尔等论命莫论文，碰！

咱们用手不用眼，摇！

（相传，清代一满族主考不学无术，考生考后其不阅试卷，而将考生姓名书竹签装筒摇，先出者为第一名，依次类推，还自吹这是“公正无私”。考生气愤满怀，题此联讽之。大千世界，无奇不有！“碰、摇”之举，滑天下之大稽，令人欲笑欲哭！欲悲欲叹。）

逆不靖，威不扬，两将军难兄难弟

波未宁，海未定，一中丞忧国忧民

［清道光二十二年（1843年）英军侵犯我东南沿海，浙江巡抚刘韵珂在宁波、定海筹粮筹饷，积极备战，而朝廷不用，反将道光皇帝之侄奕径两兄弟封为“靖逆将军”和“扬威将军”。二人无谋无勇，连战连败。此联巧嵌靖逆、扬威、宁波、定海二人、二地名。颂正讽邪，切理切情！任人唯亲，祸国殃民，世人应戒之。］

世事如棋，放下岂容差一着

人情似纸，看来还要薄三分

（清代文人讽世态。）

伤心夜雨，蕉窗点半盏寒灯，替诸生改之乎者也

回首秋风，桂院剩一支秃笔，为举家谋柴米油盐

（清代塾师李璧榆哀叹师道劳苦、家道艰难。）

持三字贴，见一品官，儒生妄敢称兄弟

行千里路，读万卷书，布衣亦可傲王侯

（孙中山对两江总督张之洞。出句以势压人，对句志壮情豪，绝！）

阳奉阴违，天有难遮之眼

民穷财尽，地无可刮之皮

（清代百姓讽贪官。刮民欺天，民穷国危，贪官之祸害矣！）

竹枪一支，打得妻离子散，未闻炮声震地

铜灯半盏，烧尽田产房廊，不见火焰冲天

（清代警示吸毒联。毒品害人！吸毒者定将财尽家破，子散妻离！后人务必警之！戒之！）

经忏可超生，莫非阎王怕和尚

纸钱能赎命，难道菩萨是贪官

装神扮鬼，不过纸糊篾扎

描金涂银，终归火灭烟消

（古代反迷信联。迷信鬼神，自必心迷神乱！忠厚为人，自然气顺心安！）

婆婆莫搽摩登红，谨防特务打主意

公公要留络腮胡，免得保长抓壮丁

（“民国”时四川百姓讽世态。拟儿媳劝公婆，生动风趣！）

问道入冬蚂蚱，还能蹦跶几下

记着落网豺狼，难免咔嚓一刀

（中华人民共和国成立前四川百姓讥讽国民党反动派。）

精通马屁经，无才无德升腾易

不谙关系学，有能有识畅达难

（四）言情联

谈情说爱，人之常情。古代才子佳人，唱和传情，巧妙含蓄，文雅大方。例如：

小姐有福有寿，愿发慈悲
道人何德何能，敢求布施

愿小姐身如药树，百病不生
随道人口吐莲花，半文不舍

小娘子一天欢喜，如何撒手宝山
疯道人恁地贪痴，哪得随身金穴

（北宋才子秦观钟情于苏小妹。一日苏小妹赴庙烧香，秦扮作道人唱和试探。后来二人终成佳偶。）

闭门推出窗前月
投石冲开水底天

（秦观洞房花烛之夜，苏小妹三难新郎。秦连过两关后，遇此上句，久思无对。苏东坡投石池中，醒其才思，对出下句，方才准入洞房。）

微笑吹灯双得意
含羞解带两痴情

（秦观、苏小妹洞房花烛夫妻对。）

喜鹊搭桥，织女约郎初七渡
玉兔捣药，嫦娥许我十五圆

（宋代才子高季迪对杨孟载。拟人比喻，人月同心。）

羊毫笔写白鸾笺，鸿雁传书，南来北往

马蹄刀割黄牛皮，猪鬃引线，东扯西拉

（相传，明末金陵豪绅高鳌之女悬句征婚，久无佳对。后皮匠宫谦对句，虽较粗俗，但工整贴切，中选成婚。）

挑水丫头谁家女

混账小子隔墙人

南院北邻近居，偷摘人家桑椹子，该也不该；

东游西逛瞎混，不读古今圣贤书，羞也不羞。

（南明才女对画家马远。青梅竹马，两小无猜，终结连理！）

桃李花开，一树胭脂一树粉

柑橘果熟，满枝翡翠满枝金

（清代诗人周起谓郊游遇美女，出句挑逗。女枉顾左右而言他，不为所动。花美、果美、人美、品美，真乃美女也！）

东启明，西长庚，南箕北斗，谁是摘星汉

春牡丹，夏芍药，秋菊冬梅，我乃探花郎

（此乃根据清代蒲松龄《聊斋志异》故事改编的电视剧《痴人》中金小姐出句选婿，唯痴人张仲杰对句中选，结为佳偶。此联和乾隆皇帝殿试探花刘凤浩联雷同，虽仅改四字，却联意大变。）

樽酒昔言欢，剪烛西窗，犹忆风姿磊落

夫妻今惜别，留梅东阁，只余竹影横斜

感夫婿无辜，数十年孤诣苦心
谢爱妻多情，几千里山重水复

叹文字无灵，秋风吹冷邯郸梦
问天理安在，异代相知蜀道难

（清代四川才子钟耘舫一生与对联有不解之缘，因联闻名，因联落第，因联成婚，因联蒙冤。在被县令郭金龙发配成都时同其妻惜别唱和联。其才堪赞，其情堪悲！）

种数盆花，探春秋消息
蓄一池水，测天地盈亏

（清末，熊希龄同朱庭琪恋爱时互探其情。）

花里神仙，无意偏逢蜀客
林中君子，有心来觅湘妃

书读无厌，看我夺魁登榜
鸟飞不倦，任它递意传情

（此为古代《鹦鹉传书》爱情故事联，文斌对玉秀。“蜀客”典出西汉大辞赋家司马相如和卓文君的爱情故事。“湘妃”为舜帝称湘君，其妻娥皇，女英称湘妃。）

纸上画龙龙不动
鬓间插凤凤难飞

有客敲门惊午梦

无人伴枕苦思春

六尺彩绫，三尺系腰三尺坠
一床锦被，半床遮身半床闲

山高林密，教樵夫何处下手
水落石出，劝渔翁切莫劳心

院内奇花，蝴蝶一心要采
画中仙果，猕猴百计难偷

桃梅李杏，这些花谁先开放
稻麦黍稷，此杂种是何先生

竹本无心，外生多少枝节
藕虽有孔，内里不染污泥

樵夫砍柴，怎奈山高路远
渔翁捕鱼，哪怕江阔海深

嫦娥本是月中仙，频送来一片秋香，携手永偕攀桂客
状元也是人间子，莫贪恋十分春色，甘心愿作探花郎

（以上九联为清代探花王方和才女李娥爱情故事联。相传，李家聘才子王方为堂师，教幼子读书。一日，李画龙贪玩，王出句令对，李对不上，回去求其姐李娥帮对。李娥年方二八，才貌双全。次日，王见对句似出女人之手，便又出句令对。三番唱和，王觉其姐有才，心生爱意。再对时，李女觉其心生误会，便

劝其"莫劳心""百计难偷"，甚至骂王是"杂种先生"。王知李才高品正，出句道歉。李知王并非风流才子，反生爱意，让王托媒求婚。订婚后，李劝王发奋读书，莫嫌"山高路远""江阔海深"，待其功成名就后再完婚。后来，王高中探花。新婚之夜，王因名成婚就，喜不自禁。李劝夫切莫恋情止步，应再发奋图强，步步上进。李娥真乃才女贤妻矣。）

彩烛画龙，水里龙从火里出
花鞋绣凤，天边凤自地边来

十八年前不谋面
二三更后便知心

（古代洞房花烛新娘对新郎。）

岳父、舅父、生身父，三心二意
义子、继子、亲生子，一母三雏

（相传，古代一鳏夫前妻留下一子，想同带一义子的寡妇成亲。父、舅同意，岳父不同意。寡妇言：义子、继子以及婚后再生子均作亲子对待。心诚品正，难能可贵!）

竹傍桃生，竹翠桃红，君子不贪红粉色
松偕柳长，松苍柳碧，大夫犹爱碧玉情

［古代老妻对老夫。竹称君子，高风亮节，红粉送抱，坐怀不乱，真君子也！松号大夫（秦始皇封松为大夫松），碧玉相依，顶风傲雪，老犹情笃，美夫妻哉！］

御沟题诗枫一叶

苏池投石月三更

（古代新郎新娘夫妻对。上句典出唐代宫女韩翠屏在枫叶上题诗“一入深宫里，年年不知春，聊题一红叶，寄与有情人”投入御河中，恰被宫外书生王祐捞起后，也在此枫叶背面题写“喜读叶上题红愿，未知深情寄阿谁”，签名后又投入河中。无巧不成书，此叶又被韩女捞起珍藏。十年后宫女被遣散出宫。韩女找到王祐，结为夫妻。花烛之夜，韩女手持红叶，口吟：“一叶佳句随流水，十载幽情满素怀，今日喜成鸾凤友，方知红叶是良媒。”下句典出北宋才子秦观同苏小妹新婚之夜苏小妹三难新郎，秦连过两关后，见一出句为“闭门推出窗前月”，久思无对，夜月三更时，苏东坡投石池中，激醒秦之灵感，方对出“投石冲开水底天”句，进入洞房。）

喜气溢江夏，喜报上林春，喜十年订就良缘，喜今日吹箫引凤

幸寇退浠川，幸从离乱出，幸三生结成佳偶，幸此时淑女乘龙

（相传，湖北浠川之女和武昌之男为大学同窗学友，相恋订婚。抗日战争爆发后双方投笔从戎，历经十四年抗战，中华人民共和国成立后完婚时女家对男家婚轿联。“上林春”典出《桃花扇·归山》：“何处家山，回首上林春老。”“吹箫引凤”典出秦代箫史善吹箫，秦穆公之女爱之，结为夫妻。“三生”为佛家语，即：前生、今生、来生。“淑女乘龙”典出《楚国先贤传》：“桓叔元两女俱乘龙”。故古之女婿称作“乘龙快婿”。）

平阳世守三章约

子建才高七步诗

江左称风流宰相

程门重道学先生

北国风光，北京御苑，登白塔北望，北斗堆云北展远

海天气象，海市龙亭，乘朱舫海航，海岛叠翠海鸥翔

仿古仿今仿宫馔，笑访效仿请进

膳山膳海膳时珍，欲善御膳欢迎

[以上四联为女研究生曹徽贴广告邀男伴骑自行车外出考察，并要从中选择如意郎君，应者众。首联为途中姓谢男士出句探问。“三章约”典出汉代名相、平阳侯曹参上任后谨遵前相萧何制定的约法三章。“七步诗”典出魏主曹丕妒弟曹植才高，怕其夺权，欲害之，故命其七步成诗，不成则斩。曹植（字子建）即吟成“煮豆燃豆萁，豆在釜中泣，本是同根生，相煎何太急”之名句，以亲情感动其兄而幸免于难。曹徽赞其才高。此联还紧扣曹徽之姓。女问男姓氏，男答以二联上句。“风流宰相”典出晋代谢安，人称之为风流宰相。曹知其姓谢后，对句“道学先生”即晋代谢良左。此句寓意为：我喜欢才高品正之君子，不喜欢风流之人！此联亦紧扣谢姓。游至北海御苑时，曹徽又以巧嵌五个北字出句，众皆以方位字组联对之，惟谢以五个海字组联相对，地名贴切。到“仿膳斋酒楼”进餐时，曹又以复字、谐音手法出句，谢对得工整贴切，巧妙自然。才子佳人，珠联璧合，结成佳侣！]

（五）逗笑联

寻趣逗乐，人之常情，古今中外，概莫能外。文人雅士，唱和逗笑，高雅文明，幽默含蓄，生动形象，趣乐横生。例如：

醉汉骑驴，步步颠头算酒帐

艄公摇橹，深深作揖讨船钱

（北宋诗人苏东坡对黄山谷。生动形象！）

碧纱帐里坐佳人，纱笼芍药

清水池边洗和尚，水浸葫芦

（北宋才女苏小妹对才僧佛印。幽默风趣。）

佳人汲水，绳牵井底观音

和尚撑船，棒打江心罗汉

（北宋尼姑琴操对才僧佛印。）

妹妹看书心思汉

嫂嫂怕日手遮阴

（北宋才女苏小妹对嫂嫂。此系双关逗笑联。）

小儿不识道理，上桌偷食

村人有甚文章，中场出对

细颈壶儿，敢向腰间出嘴

平头锁子，偏从肚里生锈

（元末戏剧家高则成六岁对父友。“出对”寓出句令对；“生锈”寓腹内有才。）

出水蛙儿穿绿袄，美目盼兮

落汤虾子着红袍，鞠躬如也

（明代翰林学士解缙幼年对朝官，生动形象。）

雨阻行人，谁是行人之友
天留过客，我为过客之东

前面茅舍，便是老夫住处
仰瞻大厦，堪为游子栖身

客至堂前，快些安排茶水
娘忙厨内，定然备办酒席

嫩笋初烹，片片难入君子口
老姜细切，条条嚼断文人筋

谯楼上，叮叮咚咚，现已三更三点
画堂前，你你我我，还得一口一盅

恶客无情，去去去，快去快去
贤东有趣，来来来，再来再来

（相传，明代洞庭湖畔褚家洲有一财主喜好唱和对句，自称“褚善对”。小解缙欲试其才。一日见其进亭避雨，跟入出句，并称：就是褚善对在此也难对上。褚对后引其回家，对至深夜。虽为逗笑，倒也有趣。）

牛头喜得生龙角
狗嘴何曾出象牙

（明代民族英雄于谦六岁对太守。对句虽较失礼，童趣倒也媚人。）

眼皮坠地，难观孔子之书

呵欠连天，要做周公之梦

（明代才子徐文幼年对唐万阳。生动形象，巧!）

苏州门风，家家尽吹单孔笛

松江胜景，户户皆弹独弦琴

（明代苏州才子王鳌对松江才子徐阶。苏州用竹筒吹火；松江使拉弓弹棉。幽默风趣。妙！）

七男一女同桌凳，何仙姑羞也不羞

三宫六院多姬妾，圣明主理当自爱

（清代乾隆皇帝宴群臣，坐在八仙桌前突发灵感出上句。“八仙”为：吕洞宾、张果老、汉钟离、曹国舅、李铁拐、韩湘子、蓝采和、何仙姑等八人。对句虽使乾隆难堪，但机巧劝君，忠勇堪敬。）

曲礼一篇无母狗

春秋三传有公羊

（清代礼部尚书韩菼巡学时，听一塾师把《礼记》中“临财毋苟得”读成“临财母狗得”。韩出句质问，师未悟，而学生韩慕庐却随口对以下句，工整贴切，巧妙自然。尚书喜出望外，赞其“真才子也！”）

妹妹我思之

哥哥你错了

（清代一主考阅卷时看到一考生将《尚书·秦誓》中“昧昧我思之”错写为“妹妹我思之”，便口吟下句调笑。）

小子牵牛入户
状元打马回乡

红芋苞谷蔸根火，那种福老父享矣
齐家治国平天下，这些事小子为之

（前联为清代神童陶澍对东家，人小志大！邻居见其才智机敏，前途无量，对其父说：你以后就等着享福吧。其父曰：只要有红芋、苞谷充饥，有蔸根火取暖，就是福气了。陶听后便吟出下联。神童神矣！）

水浅鱼游肚磨地
山高牛过背擦天

（清代举人廖日敬幼年对地主。）

双镜悬台，一女梳妆三对面
孤灯挂壁，两男作揖四低头

（清代才子宋湘幼年对嫂嫂。）

小婢无知，自负红颜违我命
大人容禀，须防绿帽戴君头

（清代老知府欲纳小婢为妾，婢对句讽之。）

天不怕，地不怕，就是老婆也不怕
杀何妨，刮何妨，即使考试又何妨

（清代惧考秀才对惧内县令。正言而寓反意，令人捧腹。）

贤婿枉顾，路途坎坷，高一步，低一步
泰山错爱，世态炎凉，睁只眼，闭只眼
（清代跛脚女婿对独眼岳父。幽默风趣。）

迷蒙雨至，停耕南陇之田
泥泞路遇，望作东家之客

客已至矣，庭前准备茶饭
宾既来兮，厨下安排酒席

不嫌茅屋小，请君略坐片时
且喜华堂宽，留我何妨数日

谯楼上，咚咚咚，锵锵锵，三更三点，正合三杯消百困
草堂前，你你你，我我我，一人一盅，但愿一醉解千愁

西床已设，今宵且可安身
东家盛情，明日定留早膳

有问尊客，何以操刃而磨
无故扰东，必当杀身以报

倘死我家，未免一场官府事
欲全吾命，须有十两烧埋钱

银钱凑够十两
称头尚短八钱

千里送君终有别
八钱约我必重来

恶客，恶客，快去，快去
好东，好东，再来，再来

（清代梁章钜《巧对补录》载：安丰地区一老翁能耕善对。一日携子耕田，遇雨而归，途中出句令子对，突被一赶路文人对上。请回家中，通宵唱和。虽多俚言俗语，倒也幽默风趣。此乃寻趣逗乐，虚拟编撰，并非恶人敲诈勒索。）

九重殿下，排两班文武官员
十字街头，叫几声衣食父母

红杏枝头飞粉蝶
绿杨树下钓青蛙

纷纷柳絮飞
声声莲花落

（清代一家三子，老大沿街乞讨，老二钓蛙为生，老三卖唱度日。后其父发家致富，请堂师教三子读书。师出句试才，三人均以实情对答。父责其无出息。堂师却赞其才智机敏，孺子可教。慧目识才，何分贫富，师德高矣！）

绣阁团圆同望月
香闺静好对弹琴

（相传，清代一家娶亲，求人请大学士纪晓岚题联，纪信笔题写此联。后来得知此户姓牛，不禁哈哈大笑，因联中含有“犀牛望月”“对牛弹琴”之意，虽属无意，但系巧合，确实令人捧腹！）

竹本无心，遇节岂能空过
松原有子，过时尽是干苞

（文学大师郭沫若幼年对塾师。此寓节礼事，只是节过钱光！）

坏小子最喜打架
恶老头专爱骂人

不读书何能立业
爱武打也可成家

孺子可教
恩师谬夸

（作家向恺然六岁对塾师。喜文爱武，嗜好不同。为师者，善识人长，因人施教，更能育人成才！）

你不要掉下去
我可以爬上来

（河南焦作赵雯麒五岁对外祖父。）

谁
我

何往
特来

老兄好
小弟安

几时回府
明日返舍

快去不屈留
既来定叨扰

灶下无灯无火
厨中有酒有肉

为客贪杯非君子
做东惜酒是小人

夜已深了不可再饮
天未明么正好重猜

咚咚咚已经三更三点
来来来最后一人一杯

（古代酒鬼逗笑联。此为“塔形联”。）

大伯手中摇羽扇
家君头上戴鹅毛

读书作文临帖
传呈放告排衙

读书宜朗诵
喝道要高声

七篇古文
四十大板

别胡说
快招供

放屁
退堂

哼
喝

（古代皂隶之子同塾师逗笑联。此为“锥形联”。）

二、实用联

（一）节庆联

1．春联

“春联”就是春节专用的对联。春联是对联中使用范围最广的节日用联。过春节，贴春联，不仅是我国广大人民群众的一项最广泛的迎春活动，也是我中华民族千百年来所形成的一大传统民俗。

古代，由于长期在封建主义思想的统治之下，因此春联内容多为祈盼福寿平安之词。例如：

三星高照　五福临门

花开富贵　竹报平安

腊随一夜去　春逐五更来

春风报新岁　瑞雪兆丰年

冬去冰消雪化　春来鸟语花香

一冬无雪天藏玉　三春有雨地生金

爆竹声声辞旧岁　梅花朵朵迎新春

青松翠柏迎春至　白雪红梅送福来

天增岁月人增寿　春满乾坤福满门

福如东海长流水　寿比南山不老松

鹊在枝头祝富贵　梅从窗外报吉祥

云号吉祥，星称福寿　花开富贵，竹报平安

中华人民共和国成立以后，特别是改革开放以来，国家繁荣昌盛，人民幸福安康，每逢春节，举国上下，城镇乡村，各行各业，家家户户，春联遍地。金光闪亮、鲜红优美的春联不仅洋溢着新春佳节浓重的喜庆气氛，同时也展现出生机勃勃的时代精神和奋发向上的人文风貌。例如：

春临大地　喜到人间

一元复始　万象更新

春到神州　福满人间

天开清淑景　人乐太平年

天开三春景　人描四化图

春风传祥瑞　盛世纳寿康

日照三春暖　花开万里红

春来花香鸟语　福至人寿年丰

春暖百花齐放　国盛万象更新

日出神州张正气　春来华夏展宏图

喜逢新春漫起舞　恭迎盛世快加鞭

同心同德奔小康　载歌载舞过大年

春日春色红艳艳　佳节佳人乐陶陶

春来奇花红满地　冬去芳草碧连天

冬去人聚诗酒会　春来鸟入画图中

国泰民安歌盛世　人寿年丰庆新春

天泰地泰三阳泰　国兴家兴百业兴

祥和一家生百福　平安二字值千金

福伴旭日蒸蒸上　喜随春水滚滚来

迎新春春光明媚　辞旧岁岁月火红

迎新春吉祥如意　庆佳节幸福安康

一帆风顺吉祥第　万事如意幸福家

春临大地春光好　福降人间福寿长

松竹梅同赏瑞雪　天地人共乐阳春

百福尽随新岁至　千祥俱伴早春来

春入春门春常驻　福至福宅福永存

松柏挺胸傲送冬去　梅花含媚笑迎春归

玉宇澄清九州日丽　艳阳高照四海春新

春回大地百花争艳　日照神州万象更新

春日迎春春联增春色　喜年贺喜喜鹊报喜音

爆竹声声报人间改岁　梅花朵朵媚天下皆春

九州春色闹莺歌燕舞　千秋宏图展虎跃龙腾

瑞雪伴青松江山如画　春风拂翠柳声韵似诗

红梅万朵笑迎新春到　绿柳千条心潮逐浪高

爆竹声声喜庆民安国泰　春酒杯杯恭贺人寿年丰

锣鼓喧天共奏迎春新曲　风雷动地同抒改革豪情

紫燕殷勤衔来天上春消息　蛰龙腾跃卷起人间热浪头

白雪生辉春回大地千山秀　红梅溢彩福满人间万象新

冬去春回千条杨柳迎风绿　民安国泰万里山河映日红

龙腾虎跃碧海苍山光玉宇　莺歌燕舞旭日春风灿神州

柳绿桃红花香鸟语春意闹　国强民富人寿年丰喜事多

一元复始瞩目欣看春来早　万象更新举首敢笑燕归迟

旭日高照万里山河披锦绣　春风浩荡十亿豪杰展宏图

春联横批：

欢度新春

喜迎新春

春回大地

福满人间

福寿盈春

国泰民安

人寿年丰

万事如意

万象更新

福寿呈祥

吉星高照

喜瑞满门

康乐平安

福寿安康

吉祥如意

迎春接福

2．十二生肖联

（1）鼠（子）年联：

子年三星高照　鼠岁五福临门

子年喜接千福至　鼠岁笑迎百业兴

甲岁开元迎福寿　子年呈瑞降吉祥

（2）牛（丑）年联：

挺胸勇作征途马　俯首甘为孺子牛

牛羊成群六畜兴旺　稻麦盈仓五谷丰登

（3）虎（寅）年联：

春光春色源春意　虎年虎将扬虎威

虎跃神州创大业　春临盛世奔小康

虎踞龙盘国强民富　和谐安定人寿年丰

（4）兔（卯）年联：

金虎辞岁岁旺　玉兔迎春春新

虎去犹留猛劲　兔来更显捷才

喜玉兔三春奋起　祝金龙万世腾飞

（5）龙（辰）年联：

龙年呈龙瑞　虎将扬虎威

龙飞凤舞歌盛世　鸟语花香乐太平

龙腾虎跃宏图大展　人寿年丰福寿长春

（6）蛇（巳）年联：

山舞银蛇花香鸟语　原弛骏马虎跃龙腾

金龙辞旧岁，龙去神威在　银蛇舞新春，蛇来灵气生

龙吟山河壮，壮年创大业　蛇舞日月新，新岁展宏图

（7）马（午）年联：

春临福至　马到功成

立壮志闻鸡起舞　展宏图跃马扬鞭

银蛇辞岁吉祥如意　骏马迎春福寿安康

（8）羊（未）年联：

三羊开泰　五福临门

神骏留祥瑞　吉羊报平安

辛勤不负报国志　未年有成大业兴

（9）猴（申）年联：

金猴奋起千钧棒　玉宇澄清万里埃

银羊踏雪去未年献瑞　金猴捧桃来申岁呈祥

玉宇腾丽日光照五湖四海　金猴驾祥云福临万户千家

（10）鸡（酉）年联：

金鸡歌盛世　玉燕舞春风

金鸡啼晨人勤春早　玉燕剪柳鸟语花香

雄狮一吼地动山摇震寰宇　锦鸡三唱人欢马叫展宏图

（11）狗（戌）年联：

犬守平安岁平安如意　人乐幸福年幸福安康

犬守夜鸡司晨平安如意　梅飘香松溢翠富贵吉祥

金鸡过霜田遍地画竹报平安　玉犬行雪地满院描梅祝寿康

（12）猪（亥）年联：

猪羊满圈六畜兴旺　稻麦盈仓五谷丰登

猪肥牛壮财源滚滚　人寿年丰喜乐融融

3. 农历节日联

（1）正月十五元宵节联：

万世元宵夜　一代大兴年

月明千里雪　灯红万树花

千家春不夜　万户灯连晓

明月皎皎千山秀　华灯灿灿万户春

满天明月兆祥瑞　遍地花灯乐太平

千门挂红灯灯山庆佳节　万树绽银花花海闹元宵

龙飞凤舞玉笛金筝歌盛世　灯红酒绿火树银花闹元宵

地乐天乐地天共乐元宵夜　灯辉月辉灯月同辉太平年

（2）三月清明节联：

逢盛世倍思前辈　秉丹心痛悼先贤

姓在名在人不在　思亲念亲难见亲

睹物思亲梦犹见　绞心泣血恩难酬

继往开来承壮志　光前裕后慰英灵

光前裕后烈士功德垂青史　慎终追远祖辈恩情铭丹心

（3）五月初五端午节联：

端阳思君子　投粽悼贤人

堂前艾叶抒眉绿　庭中榴花耀眼红

艾叶如旗招百福　菖蒲似箭斩千妖

艾叶香飘千家纳福　龙舟竞渡万众欢歌

（4）八月十五中秋节联：

国强民富　花好月圆

天上一轮满　人间万家圆

家国福同满　人天月共圆

中华欣逢盛世　秋月分外光明

欣逢盛世举国欢庆　喜尝月饼阖家团圆

（5）九月初九重阳节联：

秋高朝霞艳　世盛夕阳红

夕阳霞光灿烂　秋菊晚节飘香

鹤发银丝抒壮志　丹心碧血谱雄篇

苍龙日暮仍行雨　老梅春深更著花

白首雄心千里志　黄花劲节百年歌

白首穷经青云得路　丹桂凝笔墨卷飘香

粗茶淡饭长生不老　心旷神怡益寿延年

做数件可流传好事消磨岁月　交几个有学识良友谈古论今

名利二字，提得起，放得下，看得破，撇得开

勤劳一世，退则休，闲则学，悟则书，集则成

4．公历节日联

（1）三八妇女节联：

喜庆三八节　功垂半边天

为妇女伸张正气　与男子并驾齐驱

巾帼英雄创大业　女中豪杰展宏图

男女携手兴国益民创大业　姐妹同心发家致富奔小康

（2）五一劳动节联：

欢庆劳动节　勇绘强国图

勤俭是美德　劳动最光荣

劳动传家久　勤俭继世长

勤为摇钱树　俭是聚宝盆

劳动创造世界　科教振兴中华

全心全意建国　克勤克俭持家

大好时光勤学真本领　平凡事业苦练硬功夫

艰苦奋斗必结丰收果　发奋图强定开幸福花

树雄心创大业兴邦强国　立壮志展宏图益民富家

做工好务农好学好便好　创业难守成难知难不难

乐吃苦中苦方可学到真本领　不怕难上难才能干成大事业

（3）五四青年节联：

当五好青年　做四有新人

前辈创业垂青史　后代兴国展宏图

当代青年情豪志壮　大兴年月虎跃龙腾

前辈打江山披肝沥胆　后代展宏图跃马扬鞭

学革命前辈能文能武　做英雄后代又红又专

创业维艰老前辈历尽艰辛　守成不易新后代务戒奢华

发奋图强创业不负青云志　鞠躬尽瘁报国永怀赤子心

学革命前辈披荆斩棘开伟业　做英雄后代改天换地展宏图

莫做盆中花草静卧斗室吐芳艳　要学山上松柏傲立峰顶展雄姿

莺歌燕舞挥笔描最新最美图画　龙腾虎跃立志做益国益民子孙

（4）六一儿童节联：

人小雄心大　年少志气高

从小爱学习　长大有本领

少小不努力　老大徒伤悲

育好今日花朵　托起明天太阳

幼儿乐园春风暖　向阳花朵映日红

抚育接班人爱如慈母　培养栋梁材勤似园丁

掏尽丹心谱写园丁曲　撒遍汗水当好育花人

（5）七一党建日联：

松柏迎春绿　葵花向阳红

五洲歌盛世　四海颂党恩

万众齐心跟党走　百花争艳向阳开

葵花朝阳朵朵艳　人心向党颗颗红

爱党心诚葵向日　迎年花早鼓催春

改革开放国强民富　和谐安定人寿年丰

一轮红日照亮新天地　万朵鲜花绣美好河山

政策英明春意随人意　前程远大民心伴党心

心以国而立，智以国而献，力以国而尽
情为民所系，权为民所用，利为民所谋

（6）八一建军节联：

提高警惕　保卫祖国

苦练作战本领　确保祖国安全

军爱民鱼水情　民拥军骨肉亲

祖国长城保祖国　人民战士爱人民

八方平安赖城固　一统江山仰军威

升官发财请走别路　贪生怕死莫入此们

龙腾虎跃威扬四海　铜墙铁壁气壮九州

傲岸松柏不怕风霜雨雪　守边将士何惧虎豹豺狼

金戈铁马千里征尘安社稷　龙腾虎跃万丈豪情铸长城

加强战备守边疆森严壁垒　提高警惕保祖国众志成城

人民子弟为人民赴汤蹈火　钢铁长城似钢铁心红志坚

军爱民赴汤蹈火鱼水义重　民拥军尽心竭力骨肉情深

秉忠心爱祖国勇挑千斤重担　立壮志守边疆誓保万里河山

（7）九月十日教师节联：

尊师重教　强国兴邦

教书育人　强国惠民

立身作楷模　倾心育桃李

弛笔常苦日短　展卷不嫌夜长

以教人者教己　在劳力上劳心

兢兢业业育桃李　勤勤恳恳树栋梁

人梯巧搭攀登路　心血智育栋梁材

胸中洞彻师生义　笔底纵横骨肉情

且喜桃李满园艳　何惜霜雪两鬓斑

春蚕到死丝方尽　秋烛成灰泪始干

翠赤兼容桃李共茂　刚柔并济松柏常青

教书有兴因我任重道远　诲人不倦任他飞短流长

春风化雨满园桃李斗艳　丹心树木遍地栋梁成材

秉丹心挥血汗培桃育李　立壮志抒豪情塑栋造梁

爱学生应为学生良师益友　尊师长当做师长俊徒佳生

身为园丁勤洒汗水育桃李　胸怀祖国誓用心血树栋梁

兴国靠英才务使桃红李艳　育人播心血定教树大根深

三尺讲台话今古，桃李花开心自喜

一支粉笔写春秋，栋梁成材乐无穷

（8）十一国庆节联：

江山千古秀　神州万年春

五星红旗展　十亿伟业兴

四海歌盛世　五洲乐太平

盛世年年盛　新风代代新

十亿雄心立　一统大业兴

旗展五星开盛世　人喜十亿乐太平

盛世同歌歌盛世　丰年共乐乐丰年

华夏新天逢大治　神州丽日耀小康

龙腾虎跃大兴日　莺歌燕舞太平年

历史新开改革路　江山盛现锦绣图

改革开放兴大业　发家致富奔小康

披荆斩棘创大业　励精图治展宏图

雄心共创千秋业　壮志齐描万代图

同心同德开伟业　再接再厉攀高峰

振兴中华齐奋发　建设祖国各争先

善政普施人普乐　宏图大展国大兴

政善人和千家喜　国强民富百业兴

十亿神州歌盛世　万里江山展宏图

中华崛起宏图大展　民族振兴伟业常新

国强民富青山不老　人寿年丰绿水长流

姹紫嫣红九州春满　和谐安定万众颜开

改革开放国强民富　和谐安定人寿年丰

华夏新天中华崛起　神州丽日民族振兴

芙蓉国里千枝竞秀　凯歌声中万马奔腾

长城内外惊天画卷　大江南北动地诗篇

改革开放开千秋伟业　和谐安定安万代宏基

中华崛起山河改旧貌　民族振兴日月换新天

瑞气满神州青山不老　春风拂大地绿水长流

鸟语花香观神州秀色　龙吟虎啸看华夏腾飞

挥巨笔谱写千秋创业史　立壮志描绘万代锦绣图

山欢水笑国情般般如意　父慈子孝家事件件称心

昌盛时代山水腾跃诗画里　大兴年月人民欢笑歌舞中

顺势而为，炎黄子孙盼统一，天地可鉴

逆则必亡，两岸兄弟期团圆，华夏永昌

（二）喜庆联

1．婚联

“婚联”，就是婚庆专用对联。

结婚乃人生一大幸事。结婚典礼时在院门、屋门上遍贴鲜红优美的婚联，既可烘染喜庆气氛，又能借联语对新人祝福和恭贺。结婚贴婚联虽然是我国千古流传下来的一大民俗，可是由于各个时代思想观念的差异，婚联的内容各具时代特色。

在古代，由于长期处在封建主义思想的统治之下，婚联的内容主要是祝贺新婚夫妻喜结良缘，白头偕老。所用比喻也多为比翼鸟、连理枝、鸾凤、鸳鸯等词语。例如：

鸳鸯比翼　鸾凤和鸣

龙飞凤舞　花好月圆

珠联璧合　凤翥鸾翔

姻联两姓　缘成一家

门当户对　夫唱妇随

缘结红线　偕老白头

琴瑟春常润　人天月共圆

百年歌好合　两美结良缘

四季花常艳　百年月共圆

鱼水千年合　芝兰百世荣

碧莲喜绾同心结　丹桂欣携连理枝

玉镜人间传合璧　银河天上渡双星

良缘一世同地久　佳偶百年共天长

瑶池晓日翔青鸟　月殿红云拥紫鸾

玉宇欣看锦鹤舞　画堂喜听彩鸾鸣

碧海云生龙对舞　丹山日出凤双飞

丹桂飘香姻联两姓　蟾宫月满缘成一家

绿竹红梅梅蕊初开君子伴　仙娥素月月光喜照美人来

结两姓姻缘山盟海誓　祝百年伉俪地久天长

中华人民共和国成立以后，随着《婚姻法》的颁布执行，人们的婚姻观和幸福观有了很大的转变，婚联的内容也随之焕然一新。虽然也沿用一些传统联语，其意境却大不相同。例如：

志同道合　花好月圆

佳伴成佳侣　良辰结良缘

结革命伴侣　做恩爱夫妻

提倡自由恋爱　反对包办婚姻

婚缔自由破旧俗　礼行平等树新风

握手初行平等礼　同心合唱自由歌

同心同德结鸾凤　相亲相爱似鸳鸯

婚姻自主恩爱重　家庭和睦幸福多

海誓山盟同心永结　地阔天高比翼齐飞

良缘自结同甘共苦　喜事新办易俗移风

自由恋爱破千年旧俗　计划生育立一代新风

相亲相爱并肩创大业　同心同德携手奔小康

联戚攀亲何必门当户对　交友结伴但求志同道合

相敬如宾莫道妇随夫唱　钟情似友休言男尊女卑

不愿似鸳鸯卿卿我我嬉戏浅水　有志学海燕朝朝夕夕搏击风涛

同心同德为共同目标结成同心侣
新郎新娘在创新路上谱写新篇章

（1）通用婚联：

赤情爱奏鸾凤曲　绿水香浮并蒂莲

今日结成同心侣　明朝共栽幸福花

银河一泓喜鹊渡　金风万里待鹏飞

爱情花常开不谢　幸福泉源远流长

花好月圆圆百岁　劳动致富富万年

互敬互爱春长驻　同心同德乐无穷

百年恩爱双心结　千里姻缘一线牵

并肩同走创业路　携手共谱幸福歌

心灵容颜双俊秀　才华事业两风流

鹍鹏共奋理想翅　鸾凤同飞锦绣程

海枯石烂同心结　地阔天高比翼飞

并肩同步康庄道　携手共描锦绣图

破旧俗婚事简办　树新风致富争先

小康路上识俊杰　大兴年头结鸳鸯

梅香桃艳春风得意　情深意挚花烛称心

人生乐事今宵最乐　盛世新婚此日犹新

大兴年头并肩阔步　小康路上比翼高飞

唯求爱永恒一生同依偎　但愿人长久百年共婵娟

蓝天比翼鸾凤和鸣情切切　白头偕老风雨同舟乐陶陶

（2）月序婚联：

正月：佳儿佳女偕佳偶
春月春人沐春风

二月：仲阳柳色迷莺燕
二月春风醉凤凰

三月：三春桃花千里艳
一世姻缘百年情

四月：孟夏新婚情初热
百年佳侣花长荣

五月：五星旗展开盛世
月老绳系结良缘

六月：并蒂荷花六月艳

比翼鸳鸯百世鸣

七月：七夕鹊桥牛女渡

百年良缘鸾凤鸣

才子佳人世间两美

牛郎织女天上双星

八月：人月共圆圆千载

鸾凤和鸣鸣百年

月里嫦娥周年为坐月女

花间蝴蝶终日做探花郎

九月：红枫传情成佳偶

金菊飘香结良缘

十月：三生情系同心结

十月喜结连理盟

十一月：傲寒松柏凌霜立

赤情鸳鸯比翼飞

十二月：辞腊红梅香千里

迎春佳偶乐百年

（3）日序婚联：

初一：红烛初燃贺新禧

佳侣一对醉良宵

初二：初衷遂意缔鸾凤

二美称心结鸳鸯

初三：初衷不负相思愿

三生有幸结良缘

初四：梅蕊初绽香醉我

花开四季色迷人

初五：庆新婚初春日暖

结良缘五福临门

初六：初春鸾凤歌新禧

六律琴瑟奏佳音

初七：鹊桥初渡牛女会

银河七夕鸾凤鸣

初八：初逢盛世庆新禧

八音齐奏醉良宵

初九：初春花开香千里

九如乐奏喜百年

初十：初春初度良宵夜

十全十美好姻缘

十一：十分春色如鸾凤

一腔真情似鸳鸯

十二：十全乐奏同心曲

二美喜唱合欢歌

十三：十分情深谱爱曲

三生意切结良缘

十四：十全缘结三生幸

四季花开百年香

十五：喜良缘十分得意

庆新婚五福临门

十六：十全十美同心结

六和六顺阖家欢

十七：十十一百百年偕老

七七四九九州同歌

十八：十里春风龙凤意

八方瑞色鸳鸯情

十九：十里花香春意浓
九州日丽闺情深

二十：二姓联姻缔秦晋
十分称心结凤鸾

二十一：二美情投结鸾凤
一池水暖沐鸳鸯

二十二：廿载青梅恋竹马
二月蛟龙引凤凰

二十三：二美联姻成佳偶
三阳开泰度良宵

二十四：二美情深深似海
四季花红红满天

二十五：二姓联姻缔秦晋
五福临门沐鸳鸯

二十六：二美同心创大业
六顺合力绘宏图

二十七：二美鸾凤鸣翠柳
七夕牛女渡鹊桥

二十八：二美同心结鸾凤
八音齐奏醉良宵

二十九：二美喜偕百年偶
九天高翔万里鹏

三十：三生三世情切切
十全十美乐陶陶

（4）节日婚联：

元旦：元日鸳鸯比翼
旦夕鸾凤和鸣

三八：三星高照贺新禧
八音齐奏醉良宵

五一：五福临门千载盛
一世持家百年情

五四：青梅竹马情似海
年富力强志凌云

七一：七夕鹊渡天仙配
一世缘结人间情

八一：八方威风保祖国
一腔挚情爱英雄

十一：十全十美结良缘
一心一意展宏图

（5）特殊婚联：

①招婿联：

凤求凰百年乐事　男嫁女一代新风

破旧俗小伙子出嫁　树新风大姑娘娶亲

②复婚联：

梅开二度梅更艳　月缺重圆月犹明

落花恋春花再放　残月回意月重圆

穆桂英招亲，小夫妻耍起当面枪，不能作对，确能作对
李金枝吵嘴，老父皇打着和事鼓，妙在其中，乐在其中

③再婚联：

鳏夫恋寡情再燃　枯枝逢春花重开

鸾飞凤失花落去　莺歌燕舞春又来

④晚婚联：

奇葩迟开香更浓　佳偶晚结情犹长

情深莫道春来晚　义重更惜花长红

⑤老年婚联：

夕阳无限美　萱花晚来香

暮年始逢赤心侣　余生共偕白头情

⑥同学婚联：

同学同窗同读　知人知面知心

同窗喜成同床侣　一师永偕一世情

⑦兄弟同日婚联：

姊妹阶前分伯仲　兄弟花下各桂梅

锦堂鸳鸯共比翼　洞房鸾凤各和鸣

⑧兄妹同日婚联：

兄婚妹嫁一日喜　男娶女聘百年情

盛世娶亲歌世盛　祥日嫁女庆日祥

⑨兄弟姐妹连襟婚联：

叫姐姐唤嫂子全对　称弟弟呼妹夫都行

姐妹变妯娌喜中添喜　兄弟成连襟亲上加亲

⑩集体婚庆联：

男男女女高高兴兴手拉手

双双对对恩恩爱爱心连心

（6）婚联横批：

志同道合

花好月圆

鸳鸯比翼

鸾凤和鸣

珠联璧合

百年好合

喜结良缘

喜瑞盈门

偕老白头

天作之合

地久天长

花开并蒂

缘结同心

龙凤呈祥

2．乔迁新居联

欣逢盛世　喜建华堂

春临吉第　福满华堂

三星高照　五福临门

莺迁高树　燕入新楼

祥云浮紫阁　喜瑞涌华堂

新宅开新宇　春庭涌春潮

新居迎万福　瑞宅纳千祥

甲第新开美景　子孙大展宏图

人逢民安国泰　宅成地久天长

旭日常照吉祥第　幸福永驻和顺家

新第新居新景象　好山好水好风光

华堂宽大子孙愿　举家和顺父母心

花香满室春意浓　喜瑞盈门景象新

吉祥鸟鸣吉祥第　富贵花开富贵家

龙蟠福地福寿永　凤落吉宅吉庆多

吉宅耀日红丹桂　华堂藏春醉碧桃

家居绿水青山畔　人在春风和气中

三星高照福寿第　五福咸集康乐家

向阳门第春常驻　和顺家庭乐无穷

喜宅吉祥千喜至　福门和顺万福临

莺歌翠柳报春暖　人居华堂庆寿长

迁吉宅万事如意　居华室百世遂心

吉第焕彩盈门秀色　华堂呈瑞满座春风

春满吉宅莺歌燕舞　喜逢盛世人寿年丰

迁入新居吉祥如意　欣逢盛世安乐称心

（三）寿联

“寿联”，就是庆寿专用的对联。

在我国，人民群众把活到六十岁以上的人视为“高寿”。人们为什么把六十岁作为高寿的界线呢？这主要是受我国“纪年法”的影响所致。在古代，我国所使用的纪年法为“干支纪年法”。“干”，称作“天干”，就是“甲、乙、丙、丁、戊、己、庚、辛、壬、癸”十个序列数字；“支”称作“地支”，就是“子、丑、寅、卯、辰、巳、午、未、申、酉、戌、亥”十二个序列数字。在古代，我国的天文学家和历学家们运用“天干”和“地支”序列数字中的奇数和奇数、偶数和偶数互相搭配，共组成“甲子、乙丑、丙寅、丁卯……”等六十组序列数字用以纪年，每六十年为一个循环，周而复始，循环往复。因此人们便认为：人活六十岁便是经历了人生的第一个循环，六十岁以后又进入了人生的第二个循环。所以，人们便将六十岁视为“寿界”，六十岁以后便视为“高寿”。其子女、亲友每逢其寿诞之日便要为其“庆寿”，意在祝愿其长命百岁。当然，在古代“庆寿”者概为帝王将相、官宦豪绅之家，人民群众由于温饱难求，自然是无力“庆寿”的。中华人民共和国成立之后，特别是改革开放以来，由于国家繁荣昌盛，人民富裕安康，城乡人民自家“庆寿”之风在蓬勃兴起。这是我中华民族“父慈子孝”传统美德的具体体现，也是“富则思寿”意识的自然反映。虽然不应提倡大操大办，挥霍浪费，但在自家财力所及的情况下，逢“寿”阖家欢庆一番，也是情之所系，理之当然。

古代“庆寿”之人较少，当今，虽然“庆寿”之家虽多，但大都只是欢庆而不题寿联，因此，古今寿联留存较少。综观古今寿联，归纳起来大致可分为“自寿联”“贺寿联”“讥讽联”三类。自寿联多为寿星自抒人生之感悟，或叙其身世，或展其功业，或抒情明志，或自谦自嘲。贺寿联多为贺喜祝寿、歌功颂德。讥讽联则多为人们对那些贪官污吏、土豪劣绅借庆寿之名索贿敛财行为的讥讽和咒骂。例如：

1．自寿联：

七旬天子古六帝

五代曾孙余一人

（清代乾隆皇帝七十岁自寿联）

三多以外有三多，多德多才多觉悟

四美之先标四美，美名美寿美儿孙

（清代进士俞樾自寿联。“三多”为：多福、多寿、多男子。“外三多”为：拒官从教，桃李满天下，多德；藏书万卷，读书千卷，著书百卷，多才；洞察世事，急流勇退，兴教育人为己任，多觉悟。“四美”为：美音、美味、美文、美言。“外四美”为：人誉其为经学大师，美名；年过八旬，美寿；其孙俞陛云中探花，美儿孙；知足常乐，美心情。）

常如作客，何问康宁，但使囊有余钱，瓮有余酿，釜有余粮，取数页赏心旧纸，放浪吟哦，兴要阔，皮要顽，五官灵动胜千官，过到六十犹少

定欲成仙，空怀烦恼，只令耳无俗声，眼无俗物，胸无俗事，将几枝随意新花，纵横穿插，睡得迟，起得早，一日清闲胜两日，算来百岁已多

（清代书画家郑板桥六十岁自寿联）

2. 贺寿联：

洛水灵龟献瑞，天数五，地数五，五五还归二十五，数数定元始天尊，一诚有感

岐山彩凤呈祥，雄声六，雌声六，六六总成三十六，声声祝嘉靖皇帝，万寿无疆

（明代嘉靖皇帝五十五岁寿诞时出句，翰林学士对句贺寿联）

四万里皇都，伊古以来，从无一朝一统四万里

五十年圣寿，自今而后，尚有九千九百五十年

（清代大学士纪晓岚贺乾隆皇帝七十五岁寿诞联。皇帝称为“万岁”，乾隆坐朝五十年，以万岁而言，自然还有九千九百五十年。）

龙飞五十有五年，庆一时，五数合天，五数合地，五事修，五福备，五世同堂，五色斑斓辉彩服

鹤算八旬逢八月，祝万寿，八千为春，八千为秋，八元进，八恺登，八音从律，八风缥缈奏丹墀

（清代大臣彭文勤贺乾隆皇帝八十大寿联）

寿州相国寿者相

天子师傅天下师

（清代进士于式枚贺恩师孙家鼐寿诞联。安徽为寿州，孙官居一品，当过皇帝的老师，又办过京师大学堂。）

七夕是生辰，喜功名事业从心，处处带来天上巧

百花为寿城，羡玉树芝兰绕膝，人人占却眼前春

（清代作家李渔贺亲友朱建三寿联）

二十举乡，三十登第，四十还朝，五十出守，六十开府，七十归田，须知此后逍遥，一代福人多暇日

简如格言，详如随笔，博如旁证，精如选学，巧如联语，富如诗集，略数平生著述，千秋大业擅名山

（清代王叔兰贺文学家梁章钜七十大寿联。梁的著作有《古格言》《退庵随笔》《三国志旁证》《文选旁证》《楹联丛语》《退庵诗存》等。）

写诗写文章，亦庄亦谐如口出

反帝反封建，不屈不挠见荆襟

（周恩来夫人邓颖超贺冯玉祥六十大寿联）

桃李增华，坐帐无鹤

琴书作伴，支床有龟

（1941年3月30日，重庆大学商学院师生为营救院长、爱国志士马寅初先生出狱，提前为其举行祝寿大会。周恩来、董必武、邓颖超送此联贺马寅初先生六十大寿。龟鹤为高寿之象征。“无鹤”意为马未临寿堂，“有龟”谐盼马出狱归来。）

测黄道、赤道、白道，深得此道，赞钰老步入人间正道；

探行星、彗星、恒星，戴月披星，愿哲翁成为百岁寿星。

（贺南京紫金山天文台台长、著名天文学家张钰哲八十大寿联。1982年发现小行星，被国际命名为“中华张星”。）

3．讥讽联：

一个文官小花脸

三朝元老大奸臣

（明代文学家金圣叹在其舅父钱谦益六十大寿时题此联讽

骂。钱原为明朝礼部尚书，后投降南明任礼部尚书，后又降清任礼部尚书。）

今日到南苑，明日到北海，何日再到古长安，叹黎民膏血全枯，只余一人歌庆有

五十割琉球，六十割台湾，七十又割东三省，痛赤县邦圻日蹙，每逢万寿祝疆无

万寿无疆，普天同庆

三军败绩，割地求和

（甲午战败后，慈禧派李鸿章同日本侵略者签订《马关条约》，赔银两亿两，割让辽东半岛给日本。她七十大寿时还强令举国欢庆。爱国志士章太炎忍无可忍，题以上两联悬于北京城门上讽骂其卖国罪行。）

大老爷做生，金也要，银也要，黑白一把抓，不分南北

小百姓该死，麦未熟，谷未熟，清黄两不接，哪有东西

（相传，古代霍山县令借寿诞广令百姓送礼贺寿，民怨沸腾。一书生题此联讽之。）

似者像也，像虎像豹像豺狼，不像州主

慈者爱也，爱金爱银爱钱财，不爱黎民

——不成汤水

（清末庞振坤题讽河南邓州知府汤似慈五十大寿联。）

4．通用寿联：

福如东海　寿比南山

德高望重　心宽寿长

童颜鹤发　亮节高风

松青柏翠　椿茂萱荣

心宽体必健　德高寿自长

寡欲能长寿　有德自延年

松龄久岁月　鹤语长春秋

高风立百世　亮节照万人

松高骨愈硬　梅老花更香

椿萱千秋绿　桃李万代红

福临寿星第　喜到康乐家

福如东海长流水　寿比南山不老松

寿如松柏千秋翠　品似梅兰万代香

精神爽朗福寿永　心地宽广趣乐多

身强体健春长驻　子孝孙贤乐无穷

椿萱并茂子孙乐　松柏长青天地春

鹤发童颜喜登上寿　丰衣足食乐享天年

子孝孙贤福如东海　心宽体健寿比南山

仰仗人峰名高北斗　修半子礼颂献南山

鹤发童颜寿比南山松不老　孙贤子孝福如东海水长流

5. 分龄寿联：

花甲（六十）寿联：春秋不老
甲子重新

花甲开新宇
松鹤贺寿年

喜看儿孙绕膝
乐将花甲从头

玉芽久种春秋圃
青液频浇甲子花

花甲甲子开新宇
松鹤鹤寿迎古稀

古稀（七十）寿联：国富家亦富
古稀今不稀

鹤发童颜称上寿
椿茂萱荣庆古稀

三星临门福寿喜
七秩花发梅桂香

耄耋（八十）寿联：八秩康健春永驻
四时欢乐寿无疆

八秩椿萱舒眉绿
千秋桃李映日红

蟠桃已结三万果
耄寿相期百年春

逾古稀又十年，可喜慈颜永驻
去期颐尚廿载，预征后福无穷

鲐背（九十）寿联：北堂椿萱荣九秩
南山松柏寿万年

庆花甲一旬加半
祝高寿百年长春

耄耋齐眉福寿永
儿孙绕膝天地长

明月有恒，纪年合献九如颂
青春不老，添闰当称百寿星

期颐（百岁）寿联：一代常青树
百年不老松

庆百年高寿
贺五世同堂

品如红梅香万里
人似青松寿百年

天耀三星开新宇
人逢十秩庆寿年

瑞鹤高歌九如颂
华堂喜庆百寿人

屈指三秋天上又逢七夕
齐眉百岁人间自有双星

椿萱携手喜历三万六千日
松柏并肩相期一百二十年

（四）挽联

从远古时候起，人类就懂得使用某种方式对死者表示哀悼，这是情之所至，理所当然。亲人的哭诉是最古老的悼亡方式。文字形成后，使用文字悼亡最早见于“挽词”“挽歌”。后来，随着古诗词的流行，由于诗词中对仗工整的联语倍受文人钟爱，因此，以“挽联”悼亡之风便逐渐流传开来。

挽联文字简练，一目了然，庄严凝重，寓意深远，虽然不歌不读，便可悼意尽达，挽联作为悼亡的一种特殊形式，古今皆用，源远流长。挽联的适用范围非常广泛，无论对领袖、师长、亲人、朋友、社会各界均可使用。综观古今挽联，归纳起来，大致可分为自挽联、悼亡联、双关联三类。自挽联由于系挽者死前自己挽自己，必定事出有因，或因年高自挽，或因病危自挽，或因绝望自挽，或因被害前自挽，但不论其事出何因，也不论其在联语中自赞、自叹、讽世、嘱亲，均为其人生之感悟，都是发自肺腑的挚语真情。悼亡联主要是对死者的哀悼和怀念，或歌功颂德，或盖棺论定。双关联则多为借题发挥，旁敲侧击，或隐喻讥讽，或直言咒骂，颂正讽邪，爱憎分明。例如：

1．自挽联：

沉浮宦海如鸥鸟

生死书业似蠹虫

（清代大学士纪晓岚自挽联）

生无补乎时，死无损乎数，辛辛苦苦，著成五百卷书，流播四方，是亦足矣；

仰不愧于天，俯不怍于人，浩浩荡荡，历数八十年事，放怀一笑，吾其归乎。

（清代进士俞樾八十岁自挽联）

朝闻道，夕死可矣

今而后，吾知免夫

（清代政治家翁同龢自挽联）

臣死国，妻妾死臣，谁曰不宜？最堪悲老母九旬，娇女七龄，耋稚难全，未免致伤慈孝意；

我杀人，朝廷杀我，夫复何恨？所自愧奉君廿载，服官三省，涓埃无补，空嗟有负圣明心。

（清代山西巡抚毓贤刑前自挽联）

举人变犯人，斯文扫地

学台充刑台，乃武升天

（清代举人杨乃武自挽联）

伤时有谐稿，讽世有随刊，借碧血作供献同胞，大呼寰宇人皆醒；

清宣无科名，民国无官吏，以自身而笑骂当局，纵死阴司鬼亦雄。

（清末四川幽默大师刘师亮自挽联）

功名、事业、文章，他生未卜；

嬉笑、悲歌、怒骂，到此皆休。

（清代进士工部右侍郎鲍桂星自挽联）

七十又二年，糊糊涂涂，官界耶，商界耶，流水无情，由他去罢；

九月初一日，清清楚楚，醉醒了，梦醒了，拈花微笑，待我重来。

（古代一小官自挽联）

生当作人杰

死亦为鬼雄

（《红岩》中龙国华狱中自挽联）

生不害世，死不累人，雄心无愧，吾亦可去；

志在救国，举在济众，伟业未成，我应重来。

（贵州革命烈士陈法轼狱中自挽联）

捧着一颗心来

不带半根草去

（教育家陶行知自挽联）

无忧无虑，老夫去矣

克勤克俭，小子勉之

（古代一老翁自挽示儿联）

这番与世长辞，穷鬼病魔，无须追逐来泉下

次日乘风归去，春花秋月，只当漂泊到异乡

（邓窗珊年老病危自挽联）

我愧无能，卅载功夫可谓深焉，终难治贫者病根，富者钱癖

人死何知，五尺棺木亦云足矣，更无须经忏捐产，苫块伤身

（湖南老中医自挽联）

佐夫无能，教子无能，抚女更无能，反累及我夫操劳，三魂有知惭主妇

孀姑未送，继母未送，慈亲亦未送，不能够尘缘解脱，九泉无脸见严君

（古时一才女身患重病，恐怕累及家人，决心自寻短见前自挽联。重病在身，尚念家人，自愧自疚，情真意切，使人闻之心碎，视之断肠！）

我别良人去矣！大丈夫何患无妻，他年续弦房中，休向新妻谈死妇

子依严父悲哉！小孩子终当有母，异日承欢膝下，须知继母即亲娘

（一个病妇身患绝症，临终前尚能劝夫续弦，教子顺亲，真乃贤妻良母也！）

2．悼亡联：

不合时宜，唯有朝云能识我

独弹古调，每逢暮雨倍思卿

（北宋诗人苏东坡挽侍女朝云联）

宝瑟无声弦柱绝

瑶台有月镜妆空

（明太祖朱元璋挽马皇后联）

赤手挽银河，公自大名垂宇宙

青山埋白骨，我来何处吊英贤

（明代学者王守仁题于谦墓联）

九重抗疏回天力

四海均徭盖世功

（明代挽海瑞联）

四镇多二心，两岛屯师，敢向东南争半壁；

诸王无寸土，一隅抗志，方知海外有孤忠！

（清朝康熙皇帝挽明末抗荷民族英雄郑成功联）

岱色苍茫众山小

天容惨淡大星沉

（清朝大学士纪晓岚挽东阁大学士刘统勋）

地接西清，最难忘枢密院旁，公余茶话；

恩深南徼，惜空留昆明池畔，去后棠阴。

（纪晓岚挽《四库全书》校官龚禔）

富春江万古青山，阡表常留，慈训能成贤宰相；

听雨堂九载绛帐，食单亲检，旧恩最感老门生。

（纪晓岚挽恩师董达邦夫人联）

南邦寺死个和尚

西竺国添一如来

（清代文学家刘凤浩代人题挽和尚联）

环游遍东亚西欧，作宇宙大观，如此壮行曾有几？

著述奇连篇累牍，阐古今奥秘，斯真名士不虚生。

（清代挽皇宫翻译张德彝联）

殉社会者则甚易，殉工艺者则犹难，一霎坠飞机，青冢哪堪埋伟士？

论事之成固可嘉，论事之败亦可喜，千秋留实学，黄花又见泣秋风！

（清代广东文学家何谈如挽中国第一飞行员冯如）

苦我今生，只余薄命贤妻，犹归天上；

劝君来世，未遇封侯夫婿，莫到人间。

（清代穷夫挽贤妻）

一饭尚铭恩，况襁褓提携，只少怀胎十月；

千金难报德，论人情物理，也应泣血三年。

（清代名臣曾国藩挽乳母联）

树欲宁而风不静，子欲养而亲不待，奉母百年岂足，哀哉数朝卧病，何意撒手竟长逝，只享春秋六二；

爱我国矣志未酬，育我身矣恩未报，愧儿七尺微躯，幸也他日流芳，应是慈容无再见，难寻瑶岛三千。

（秋瑾烈士生前挽其母）

登百尺楼看大好河山，天若有情，应识四方思猛士；

留一抔土以争光日月，人谁不死，独将千古让先生。

（黄兴挽烈士徐锡麟）

生经白刃头方贵

死葬黄花骨亦香

（黄兴挽广州黄花岗七十二烈士）

广东是现代史潮汇注之区，自明季迄于今兹，汉种孑遗，外邦通市，乃至太平崛起，类皆孵育萌兴于斯乡；先生挺身其间，砥立于革命中流，启后承先，涤新淘旧，扬民族大义，屹然再造乾坤；四十余年，殚心瘁力，誓以青天白日，红血红旌，唤起自由独立之精神，诚为人心留正气；

中华为世界列强竞争所在，由泰西以至日本，政治掠夺，经济侵凌，甚至共管阴谋，争思奴隶牛马尔家国；吾党适于此会，丧失了建国泰斗，云凄海咽，地暗天愁，问继起何人，毅然重整旗鼓；亿兆有众，惟工与农，须本三民五权，群策群力，遵依牺牲奋斗诸遗训，成阙大业慰英灵！

（李大钊挽孙中山）

南陈已囚，空教前贤笑后死
北李犹在，哪用吾辈哭先生

（杨杏佛挽李大钊）

哭公只有泪
提笔竟无言

（张难先挽石瑛）

三军夺帅，死君严重
一人休楚，留我难先

（张难先挽严重）

是七尺男儿，生能舍己
作千秋雄鬼，死不还家

（原本鲁迅挽瞿秋白联，后为《红岩》中挽龙国华）

在国难中惹起内讧，江流不洗古今憾
于身危时犹明大义，天地能识忠烈心

（毛泽东挽平江惨案烈士联）

生的伟大
死的光荣

（毛泽东挽刘胡兰）

一哭同胞，再哭同胞，同胞今已矣，留却重任难承受

生为阶级，死为阶级，阶级后如何，得到胜利始方休

（毛泽东挽王尔琢）

为民族解放，为阶级翻身，事业垂成，胡公遽死；

有云水襟怀，有松柏气节，典型顿失，人尽含悲！

（毛泽东挽范续亭联）

三友见精神，松本道，竹身直，梅花亦清香，格高气苍，直到岁寒全晚节；

一门尽忠义，夫殉职，妻为民，子女称勇武，顽廉懦立，共抒国难绍遗风！

（吴玉章、董必武挽爱国将领范筑先）

方悬四月，叠坠双星，东亚西欧同陨泪；

钦诵二心，恨无一面，南天北地遍招魂。

（郭沫若挽鲁迅、高尔基）

胡复何言，当年假设太大胆，

适可而止，来生求证要小心。

（挽胡适联。胡适说过："大胆假设，小心求证。"此联既巧用其言，又巧嵌其名，妙！）

穿也愁，吃也愁，我把你害苦了；

儿不顾，女不顾，你比我快活些。

（中华人民共和国成立前江苏某教师挽妻联）

怪赤绳老人，系人夫妻，何必使人离别

问黑脸阎王，主我生死，胡不管我团圆

（画家齐白石七十七岁挽老妻。情挚天可见，意笃地自知！）

夫妻恩今生未完来世再

儿女债两人共负一人完

（何香凝挽廖仲恺）

仗剑从云作干城，忠心不易，军声在淮海，遗爱在江南，万庶尽衔哀，回望大好河山，永离赤县；

挥戈挽日结尊俎，豪气犹存，无愧于平生，有功于天下，九泉应含笑，但看重新世界，遍树红旗！

（书法家张伯驹1972年挽陈毅）

功勋盖世为天下同悼

精神不死与事业共存

威望著四海，英名永存传天下

业绩照千秋，光热常存暖人间

精力尽倾共产主义壮丽事业里

遗爱长存亿万人民深情怀念中

青山含悲，声声泪，声声唤总理

碧水长歌，字字血，字字哭忠魂

伟大功勋如日月经天，千秋永在

光辉业绩若江河行地，万古长流

人间失去当代伟人，热泪涌泉流大地
世上长留千古英烈，巨星卫日亘长天

心血操碎，革命伟业似巍巍太行震寰宇
骨灰撒遍，总理恩情如滴滴雨露润人心

骨灰撒江河，看不尽波涛涓滴都是人民泪
壮志昭日月，使无际光焰浩气长贯赤县天

端端病故您啊！老天不合命灼灼巨星，舍我返诸天上去；
真真痛煞我也！众人硬想捐区区一息，换您回到人间来！

为新中国百年大计，日夜操劳，凭雄才大略，主持内政外交，刚柔相济，崇高声德满天下；

跟毛主席万里长征，继续革命，以赤胆忠心，创建丰功伟业，始终如一，灿烂光华照人间！

（1976年1月8日周恩来病逝，3月30日至4月5日清明节前后，千百万人民群众自发聚集到北京天安门广场，悼念周总理，以上挽联为当时天安门广场上群众挽联选。）

数千年历史掀开新页，万方里版图改换新颜；发扬马列，唤起工农，战胜国内外狗党狐群，伟绩丰功，宛若日月经天，江河纬地；

七八亿英雄顿失长城，五大洲民族顿经长痛；悼念导师，缅怀领袖，扫除帝修反妖氛魔雾，秉承遗志，势教神州永赤，宇宙长安！

（白雉山挽毛泽东。）

噩耗震寰瀛，举世闻声俱垂泪。那堪玉宇方宁，哲人遽逝，抚今思昔曷胜悲。细评论古今中外，尧不能奠此基，舜不能创此业，禹汤文武不能树此功绩，惜秦皇汉武略输文采，唐宗宋祖稍逊风骚。俱往矣，和谐万邦谁得似，巍巍乎，亘古一人耳；

大功垂宇宙，毕生革命力兴无。伫看红旗漫卷，愚公奋起，掀天揭地何其伟。试衡量上下四方，天难以方其大，海难以状其深，日月星辰难以比其光辉，譬泰山珠峰犹觉崔嵬，黄河长江倍感流长。如斯夫，光被四海孰与俦，荡荡兮，民无能名焉！

（赵云峰挽毛泽东。）

惊噩耗，日暗天昏，满天星斗泣血泪

失伟人，山摇地动，遍地江河荡哀声

呜呼！巨星遽殒，寰球九洲，竿竿旗降悲日落

哀哉！伟人顿失，华夏八亿，人人泪流忧世昏

领袖音容顿失，工农商学兵，八亿人民八方泪洒

导师伟业永存，亚欧非澳美，四卷雄文四海传扬

（1976年9月9日，毛泽东逝世，举国上下悲痛欲绝，干部职工伤心掉泪，工人农民痛哭流涕，余题三联，以致哀悼！）

3．双关挽联：

六载固金汤，问何人忽坏长城，孤注空教躬尽瘁？

双忠同坎壈，闻异类亦钦伟节，归魂相送面如生！

（清末政治家林则徐挽抗英民族英雄关天培）

敢想，敢说，敢做，敢当，为真理战斗，一身正气；

忧党，忧国，忧军，忧民，遭逆贼残害，千古奇冤。

（张志新1979年平反昭雪为烈士，有人题此联挽之。）

三字沉冤千古恨

一盒忠骨万年香

（书法家邓棣华挽邓拓。）

积毁铸奇冤，十年风雨燕山夜

丹心同皎日，千古昭垂赤县天

（作家赵朴初挽邓拓）

山海风波，心盟永忆

万家雪恨，云际常明

（邓拓夫人挽邓拓）

4．通用挽联：

音容宛在　豪气长存

德传百世　名耿千秋

泪倾太岳　痛断黄泉

寿终德望在　身去音容存

一生积善德　千古留美名

雨洒天垂泪　风号地断肠

忆往昔情同骨肉　悲今朝痛断肝肠

高风似松翠天地　亮节如梅香人间

三更月冷鹃犹泣　万里云空鹤自鸣

良操美德垂千古　亮节高风昭万年

泪洒九曲黄淮溢　悲盖五岳泰岱低

魂归九天风云惨　名昭百世草木香

巍巍太行仰盛德　滔滔黄河放悲声

香消夜月梅影寂　韵冷苍天鹤梦寒

绮阁风寒伤鹤唳　兰阶月冷泣鹃啼

懿德难忘流痛泪　慈恩未报断愁肠

魂归九天悲夜月　芳流百世忆春风

思亲春尽肝肠断　望父魂去血泪流

世上恨无救母药　灵前痛有断肠人

惊噩耗悲声动地　继遗志赤情盈天

三径寒松泪雨淌　半窗残梅悲风号

雨淋杏蕊流红泪　雪压松梢戴素冠

惊噩耗松柏遽谢　哭恩师桃李断肠

悲泪兄弟惊白首　伤心生死隔黄泉

烟径云迷风凄翠竹　石坛露冷雨泣黄花

美德堪称先辈典范　良训长昭后世子孙

绣阁花残悲随鹤唳　妆台月冷梦觉鹃啼

呜呼！欲谒慈颜梦千里　哀哉！思聆惠教夜三更

惊噩耗，痛失知交碎肝胆　忆赤情，难忘诗酒话古今

烟雨凄凄，朵朵梅兰滴血泪　音容杳杳，条条江河荡哀声

悲矣！知交已西去，泪洒丹青成绝笔

痛哉！好梦渺难寻，眼望美酒空相思

（五）行业联

“行业联”，就是各行各业使用的对联。行业联的突出特点就是其行业特征极其鲜明，专用性极强，不同行业之间一般是不能互相使用的。行业联涉及范围极广，各行各业一般都有本行业所使用的特体联语。三百六十行，行行有对联，归纳起来，大致可分为：机关团体联、工矿企业联、公交航运联，农业联、商业联、各类服务业专业联、科研界联、教育界联、文艺界联、体育界联、医药卫生界联等等。

行业联联幅均较宽大，金光闪亮，引人注目；联语立意奇巧，除显示其行业特点外，多为抒发其职业道德高尚，服务热情周到，货真价实，逗人喜爱。有的还深蕴人生哲理，令人赏心悦目，增知益智。

例如，古代有一副对联这样写道：

职业原无贵贱，只要安心务正，就是他剃头、唱戏、缝衣裳，不算低下；

品格本有邪正，若欲任意胡为，哪怕你做官、为宦、当皇帝，照样肮脏。

1．机关团体联：

立党为公　执政为民

改革开放　振兴中华

克勤克俭　忧国忧民

忠贞为民　廉洁奉公

依法治国　以理服人

大公无私　舍己为人

做群众公仆　为人民服务

坚持改革开放　立志强国富民

牢记“三个代表”　争当一世先锋

少说大话空话　多办好事实事

关心群众生活　注意工作方法

聚精会神搞建设　呕心沥血谋发展

处处从实际出发　事事为群众着想

立党为公披肝沥胆　执政为民竭智尽忠

革命干部任劳任怨搞革命　人民公仆全心全意为人民

改革开放齐展豪杰凌云志　富民强国共铸英雄创业心

勇树雄心续写千秋创业史　豪立壮志精描万代锦绣图

你安他安大家安才叫公安　依法执法治违法方为司法

问寒问暖时时体察人民疾苦　知冷知热处处关心群众生活

2．工矿企业联：

（1）钢铁厂联：

眼前炉火旺　心中激情高

人与钢花同灿烂　心随铁水共奔流

心花依偎钢花放　汗水伴随铁水流

东风吹绿三春草　铁水浇红四化花

炉火熊熊，钢花喷四海　金光闪闪，铁水流九洲

朝熔夕铸铸就忠心赤胆　千锤百炼炼成钢骨铁筋

（2）电镀厂联：

进门来乌头黑脸　出厂去雪肤银身

投胎时包公翼德　出生后贵妃昭君

青龙入海，春风翻银浪　白马出山，玉体荡金光

（3）煤矿联：

雪中送炭面黑　锦上添花心红

挥汗开采地下煤炭　倾情温暖世上人心

（4）电厂联：

电线通千里　明灯照万家

铁树生辉银花吐艳　春城不夜灯光长明

水电火电核电三电联网　工业农业商业百业同兴

（5）勘探队联：

找矿源踏遍东西南北　探宝藏历尽春夏秋冬

（6）建筑队联：

彩虹凌空架　天堑变通途

高楼手中建　重任肩上挑

竖起摘星脚手架　建成揽月摩天楼

高楼拔地风光秀丽惊鬼斧　新桥接天景色壮美夺神工

（7）纺织厂联：

银线丝丝经纶天下　白棉朵朵温暖人间

（8）银行联：

勤劳能致富　储蓄可生财

千百万户户户都是储户　七十二行行行不离银行

3．公交行业联：

（1）公路交通联：

宁停三分　不抢一秒

稳稳当当开车　安安全全回家

礼让三先，为人为己　平安一路，利国利民

车轮滚滚，九州传捷报　汽笛声声，八方奏凯歌

急似风，迅似电，多装快跑　稳如山，轻如燕，准确安全

车窗似锦屏，摄进满眼诗情画意
公路如玉带，牵来遍地绿水青山

（2）火车站联：

风驰电掣，通天无阻　安全正点，缩地有方

（3）航空公司联：

机飞千山万水　客游四海五洲

（4）轮渡码头联：

扬帆出海　满载而归

无浪行千里　有风历万程

船中度日月　水上览风光

（5）邮电局联：

传千里喜讯　暖万家情怀

音讯速传千里外　通话只在一瞬间

千里春风劳驿使　三秋芳讯托邮人

邮传喜讯，万里为咫尺　电报佳音，九州若毗邻

（6）旅游公司联：

邀八方贵客　赏五洲美景

万紫千红心花怒放　五洲四海激情满怀

4．农业联：

风调雨顺　国泰民安

国强民富　人寿年丰

六畜兴旺　五谷丰登

农乃国之基　民以食为天

春种千粒子　秋收万担粮

人勤三春早　地肥五谷丰

春临花似海　秋至果如山

千顷稻麦绿　万里茶果香

有山皆林果　无地不桑麻

迎门山水秀　临窗稻荷香

鲜果挂千树　香甜乐万家

柳笛穿山过　渔歌踏浪来

棉桃开口笑　稻花扑鼻香

冬去山明水秀　春来鸟语花香

昔日举鞭扶犁杖　今朝扬眉驾铁牛

人增科技地增产　春满喜瑞粮满仓

六畜兴旺千家喜　五谷丰登万户春

猪羊牛马六畜旺　菱藕鱼虾一池香

富从粮山棉海起　福自银锄铁机来

村庄环山松柏翠　门庭临水稻荷香

风和日丽春意浓　山清水秀气象新

筑坝开渠龙王交印　战天斗地玉皇搬家

植树造林青山不老　修渠打井绿水长流

千里松涛无山不绿　万顷麦浪有地皆春

耕云播雨豪情永在　改天换地趣乐无穷

绿满林区千山滴翠　春临茶场万里飘香

春耕沃土翻起千层浪　秋收丰谷飘来万里香

封山育林育成摇钱树　开荒种地种出聚宝盆

春雨多情灌醉千顷麦浪　爆竹知音催开万朵心花

绿化祖国处处山清水秀　改造自然年年林茂粮丰

杨柳绿杏花红山清水秀　莺燕舞布谷唱民乐年丰

种田地谷似金山棉似海　卖余粮车如流水马如龙

村办厂，户办厂，厂兴民富　山生财，水生财，财茂国强

门对青山，牛羊成群游碧毯　窗临绿水，鹅鸭结队戏银波

热热闹闹，家家同奏丰收曲　高高兴兴，人人齐唱幸福歌

喜摘幸福果，吃在嘴里，甜在心里
再夺丰收年，着眼今天，放眼明天

柳吐绿条，花绽红蕾，阵阵春风暖民意
蜂喧香圃，蝶舞芳丛，声声布谷催人忙

房前屋后，栽花种草，美化环境，心欢体健
荒山野岭，植树造林，绿染神州，民富国强

5. 商业联：

文明经商　礼貌待客

财源茂盛　生意兴隆

开门见喜　举步生财

生意如春意　财源似水源

多想生财道　广开致富门

门前大道通南北　路边小店卖东西

生意兴隆通四海　财源茂盛达三江

生意如同春意浓　财源更比水源长

财如晓日腾云起　利似春潮伴客来

创大业旗开得胜　展宏图马到成功

进店来人人满意　出门去个个称心

喜迎笑送人人满意　货真价实件件称心

货真价实不干违法事　尺足称够不赚昧心钱

耳听八方方知人心人意　眼观六路路道越走越宽

文明经商货流五湖四海　礼貌待客心向万户千家

三尺柜台连接五湖四海　一颗红心温暖万户千家

文明经商红心似火三冬暖　礼貌待客笑脸如春一店香

笑迎笑送使顾客来去满意　任挑任选让买主如意称心

争分夺秒勇创业时不我待　精打细算善经营事在人为

精选东西南北万紫千红商品　满足春夏秋冬四面八方需求

巧理千般事，牢记交以道，接以礼
温暖万人心，定教近者悦，远者来

6．各类服务业专用联：

（1）饭店联：

好吃不贵　便宜实惠

闻香即止步　尝鲜且停车

饭菜誉满三江水　情意温暖四海心

五味巧烹香千里　三餐美食乐万家

肉菜茶饭随君意　麻辣酸甜称客心

美味招来云外客　清香引出洞中仙

面可充饥，请坐下吃上两碗
酒能解困，快进来喝他几杯

盘中餐，粒粒辛苦，弃之可惜　杯内酒，口口清香，饮而适量

（2）酒店联：

开瓶千君乐　入口一身香

一口千愁解　三杯万乐涌

座上客常满　杯中酒不空

交不可滥，须知良莠难辨　酒莫过量，谨防乐极生悲

（3）茶社联：

客来心常热　人走茶不凉

垒起七星灶，铜壶精煮三江水　摆开八仙桌，香茶清爽万人心

为名忙，为利忙，忙里偷闲，喝杯茶去
劳心苦，劳力苦，苦中寻乐，拿壶酒来

只缘清茶成清趣，今日初品，明日再品
全因浓酽有浓情，你心满意，我心乐意

（4）冷饮店联：

防暑降温，何妨一试　生津止渴，请饮三杯

（5）水果店联：

眼观口水流　嘴尝心自甜

鲜果鲜，吃在嘴里，甜在心里　贵客贵，你真满意，我真乐意

（6）鲜花店联：

清廉嫌钱臭　仁慈惜花香

翠枝无穷雅韵　鲜花占尽风流

奇花异草，五光十色，枝枝斗艳
幽兰雅菊，万紫千红，朵朵飘香

（7）粮店联：

巧理千家粮　饱暖万人心

（8）煤炭店联：

雪中送炭千家暖　锦上添花万户春

煤球块块，有求必应　炉火熊熊，无家不春

（9）缝纫店联：

云锦仙女织　霓裳巧妇裁

龙飞金剪，剪剪裁出新款式　凤舞银针，针针绣成时尚衣

（10）服装店联：

夹克添潇洒　西服增雅风

时装凭我精心做　美服任君随意挑

（11）鞋店联：

远大前程，脚跟须站稳　浩繁工作，步骤要分清

皮鞋、布鞋、胶鞋，样样任挑任选
男式、女式、童式，色色新款新潮

（12）弹花店联：

聚来千亩雪　化作万家春

辛勤弹一曲　温暖送千家

（13）家电店联：

酷暑热难当，方觉空调可人意
佳肴鲜不腐，才知冰箱称君心

大波轮，新水流，清污涤垢
全自动，高功效，节电省时

（14）扇店联：

影动半轮月　凉生一握风

（15）伞店联：

不怕猛雨浇顶　何惧烈日当头

（16）医疗所联：

巧手医百病　红心暖万家

开诊所一心为民　愿乡亲百病不生

披肝沥胆，为人民防疫治病　殚精竭虑，保乡亲康乐平安

（17）旅店联：

恭迎春夏秋冬客　诚待东西南北人

春夏秋冬，一年川流不息　东西南北，四方宾至如归

（18）照相馆联

摄将真面去　幻出化身来

照一张倩影　留百年慈容

（19）书店联：

欲知千古事　须读五车书

锦绣成文原非我著　琳琅满架唯待人求

（20）图书馆联：

学海凭鱼跃　书林任鸟翔

求知识文海探宝累亦喜　学科技书山寻珍苦也甜

（21）文具店联：

供应纸墨笔砚，包你件件满意
服务男女老少，令君人人称心

（22）乐器店联：

弦中参妙理　曲内寄幽情

韵出高山流水　调寄白雪阳春

（23）古董店联：

一室珍宝媚我　千古奇观醉人

（24）钟表店联：

声声催人早警醒　刻刻唤我惜光阴

争分夺秒创大业，时不我待　跃马扬鞭拓新途，事在人为

（25）镜店联：

悬起小日月　照彻大乾坤

一尘不染，玻璃品格　百媚自省，镜子功劳

秦镜高悬，机关参透　庐山俯视，面目留真

玉镜无瑕，助你看穿迷雾　水晶有识，使君明察秋毫

（26）玻璃店联：

雪作肌肤冰作骨　水中明月镜中花

秋水为神，寒冰作骨　春风识面，明月当身

（27）竹器店联：

虚心成大器　劲节出奇才

劲节乃君子　虚怀非小人

（28）木器店联：

曲尺能成方圆器　直线调就栋梁材

佳木自古堪作器　良工从来不弃材

（29）刻印店联：

六书传四海　一刻值千金

刀笔不是刀笔吏　掌印并非掌印人

（30）花炮店联：

烟花满天飞，朵朵为蓝天增色
爆竹震地响，声声替大地宣威

（31）玩具店联：

喜巧匠绝世手段　让儿童终日欢心

助宝宝心灵手巧　育娃娃欢乐健康

（32）爆米花店联：

煽风点火　动地惊天

（33）洗染店联：

去污涤垢可人意　深浅浓淡称客心

嫩绿娇红合成春色　轻黄淡紫染就秋容

（34）美容店联：

蝶粉含香，栩栩入梦　燕脂润色，飘飘欲仙

进店来，旧貌换新颜，春风得意
出门去，精神倍振奋，干劲冲天

（35）理发店联：

虽为毫末技艺　却是顶上工夫

理世上万缕青丝　创人间头等事业

进店来乌头学子　出门去白面书生

相逢尽是弹冠客　别后更无搔首人

不教白发催人老　更喜春风满面生

推剪刮剃包君满意　吹烫洗染令你称心

（36）婚介所联：

寻寻觅觅，韶华转眼即逝　犹犹豫豫，知音错过难逢

愿天下有情人都成为眷属　是前生注定事莫错过姻缘

7．科研界联：

科教兴国　才技富民

心怀家国　志立富强

创新方可兴国　发展才能惠民

有追求方有开拓　无思索定无创新

科研生产双胜利　精神物质两文明

中华腾飞科学展羽翼　祖国振兴知识显神通

乘东风稳上航天轨道　创奇迹猛攻科技尖端

树雄心攻克知识堡垒　立壮志登上科技高峰

攀登科学高峰雄心挟雷电　开拓世界先进壮志卷风云

重人才攻尖端兴邦操胜算　抓机遇谋发展富民有良谋

长征火箭冲云霄，吴刚捧酒　神舟飞船访宇宙，嫦娥迎宾

科学无坦途，勇闯崎岖攀绝顶　英雄多奇志，乐蘸心血绘宏图

知识海阔勤作舟，勤奋海任游　科学峰高志为径，志坚峰易攀

树雄心，为中华崛起，勇攀科学高峰，誓让山河改旧貌
立壮志，图民族振兴，巧创人间奇迹，定教日月换新天

8．教育界联：

教书育人　强国富民

爱生若子　育人成才

精诚所至　金石为开

专心致学　立志育才

勤学好问　博采众长

勤学苦练　增知益智

校园迎春绿　桃李向阳红

松柏遍山翠　桃李满园红

当三好学生　做四有新人

呕心沥血育桃李　殚精竭虑树栋梁

杨柳舞春春韵美　桃李结果果味甜

教学相长师生共勉　德才兼备文武双全

德智体美劳五育并重　工农商学兵百业同尊

校风班风学风风风要正　国格人格品格格格莫歪

三尺讲台呕心沥血话今古　一支粉笔殚精竭虑写春秋

春风化雨喜看桃李香四海　秋月呈瑞乐见栋梁擎五洲

辞旧岁，操劳园丁，立足三好，撒尽身身汗水，甘为千树桃李增色

迎新春，开拓志士，着眼四化，献出腔腔心血，誓育万棵栋梁成材

9．文艺界联：

百花齐放　四海皆春

文坛百花俏　艺苑万象新

戏坛荟萃群星灿　艺苑峥嵘百卉娇

艺苑奇葩争芳斗艳　文坛妙手推陈出新

风和日丽柳陌花溪春意闹　天阔霞灿文坛梨园气象新

九州生辉五光十色都成彩　百花齐放万紫千红总是春

龙腾虎跃神州十亿兴伟业　莺歌燕舞文苑百花展芳姿

银幕荧屏五光十色春意浓　文坛艺苑万紫千红气象新

文艺舞台百花盛开朵朵艳　学术论坛群星璀璨颗颗红

莫只做斗室中小盆景争芳斗艳　应当学高山上大松柏傲雪迎风

江南呈异彩，绿水涌波，有景有情皆入画
塞北铺锦绣，青山叠翠，无时无地不放歌

影视有声有色　戏剧亦古亦今

认认真真演戏　堂堂正正做人

借虚事指点实事　托古人提醒今人

金榜题名虚富贵　洞房花烛假姻缘

做戏何如看戏好　下场更比上场难

三五步走遍天下　六七人百万雄兵

行千里路不出五步　传百年事只在一时

生旦净丑展戏迷风采　唱念做打谱梨园华章

一曲阳春唤醒古今梦　两般面目演尽忠奸情

小舞台，可国可家可今古　寻常人，能文能武能鬼神

看我非我，我看我，我也非我　装谁像谁，谁装谁，谁就像谁

要看早点来，大文章全凭起首　须观完了去，好结果总在后头

莫道粗手笨脚，全是自编自演　别看布衣小褂，尽唱新事新人

台上笑，台下笑，台上台下笑惹笑
看古人，看今人，看古看今人扮人

愿听者听，愿看者看，听看自取两便
说好就好，说歹就歹，好歹只演三天

或为君子小人，或为才子佳人，登场便见
有时欢天喜地，有时惊天动地，转眼皆空

文中有戏，戏中有文，识文者看文，不识文者看戏
音里藏调，调里藏音，懂调的听调，不懂调的听音

男角亦好，女角亦好，练熟唱念做打，个个同演改革戏
京剧也罢，豫剧也罢，扮就生旦净丑，人人齐唱振兴歌

戏剧本属虚，虚里寻实，实非为实，虚非为虚，虚虚实实
弹唱原为乐，乐中藏忧，忧民之忧，乐民之乐，乐乐忧忧

方寸地生杀予夺，荣辱贵贱，做来千秋事业，莫道当局是假
顷刻间悲欢离合，喜怒哀惧，现出万代人情，须从戏里传真

10．体育界联：

发展体育运动　增强人民体质

立壮志勇破世界纪录　夺金牌誓为祖国争光

中华健儿，龙腾虎跃，排山倒海，金牌块块耀寰宇；
神州娇女，莺歌燕舞，劈波斩浪，国歌声声震全球。

夺金牌，夺银牌，夺铜牌，冲出亚洲争宝座（出句）
重德育，重智育，重体育，振兴中华造人才（曹慧芳对）
斗智力，斗体力，斗耐力，走向世界呈雄威（杨清廉对）
（1984年中央电视台等单位征联选）

11．医药卫生界联：

巧手医百病　红心暖万家

但愿世间人无病　何惜架上药生尘

秉丹心精诊细治　施妙手救死扶伤

身体弱多锻炼便好　药品精少服用为佳

跋山涉水觅方采药　走村串户治病救人

治病救人不独当年扁鹊　起死回生且看今日华佗

一药一性，岂能指鹿为马　百病百方，焉敢以羊易牛

路无论远近，救死扶伤，随叫随到
病不分轻重，尽心竭力，急诊急医

（六）格言联

“格言联”，是指那些具有格言意义的联语。格言联主要由自勉联、题赠联、训教联和集句联所构成。格言联均为前人人生经验教训之感悟，深含人生之哲理，内容丰富，蕴意深远，言简意赅，实为醒世警钟，育人良言，指路明灯，处世楷模。因此，千百年来，众多有识之士，将其悬于堂前，置于座右，日日观之、思之、律之、行之，心明眼亮，志坚路正，堂堂正正为人，勤勤恳恳做事，事顺家和，国尊民敬。

现将古今格言联集录少许，以供学习欣赏，自勉自律。

1．为官者格言联：

万恶腐为首　百善廉当先

立德齐家国　执政为人民

仰不愧于天　俯不怍于人

不能尽如人意　但求无愧我心

兴邦常怀凌云志　报国永存赤子心

鞠躬尽瘁作公仆　正直无私写人生

于心能安，于理亦得　惟勤有益，惟公乃明

办好事，办实事，不干坏事　能救民，能养民，便是亲民

头上有青天，做事须循天理　眼前皆圣地，当官莫刮地皮

任于朝者，以馈遗及门为耻　仕于外者，以苞苴入都为羞

（明代浙江布政史龙锡庆自勉联）

画杨震像于室中，四知自凛　置越王胆于座上，一息尚存

（清代进士梁鼎芬题会昌府衙联，杨震拒贿时曾说过：“你知、我知、天知、地知”。）

宠辱不惊，看庭前花开花落

去留无意，望天上云卷云舒

（教育家刘海粟自勉联）

立无欲害人心，不忧、不惑、不惧

行可以告天事，曰清、曰慎、曰勤

（清代广东抚台陈晴峰自勉联）

要一文非分钱，幽有鬼神，明有国法

作半点昧心事，近报自己，远报儿孙

（清代浙江布政史龙锡庆自勉联）

头上是青天，几曾见官酷官贪等闲放过
眼前皆赤子，何忍将民命民财任意摧残
（古代江苏江阴县衙联）

为政不在多言，须处处从省身克己而出
当官务识大体，思事事皆国计民生所关
（清代桂林知府赵慎轸自勉联）

虽圣贤难免过差，请诸君谠论忠言，常攻吾短
凡堂属略同师弟，使僚友行修名立，方尽我心
（清代两江总督曾国藩自勉联）

累万盈千，尽是朝廷正赋，倘有侵凌，谁替你披枷戴锁；
一丝半粒，无非百姓膏脂，不加珍惜，怎晓得男盗女娼。
（清代直隶巡抚于成龙自勉联）

地当黄运之中，水欲治，漕欲通，千里河流，涓滴都从心上过；
官作军民之主，宽以恩，严以法，一方士庶，笑啼皆到眼前来。
（清代徐州兵备道台张鼎自勉联）

（宋代学者吕本中在《官箴》中言道：“当官之法，惟有三事，曰清、曰慎、曰勤。知此三者，可以保禄位，可以远耻辱，可以得上之知，可以得下之援。”为官者名声、气节、政德重于生命。可惜古往今来，一些贪官污吏，临财心黑，见利眼红，贪赃纳贿，祸国殃民，最终落得个身败名裂，家破人亡的可悲下场。前车之鉴，思之！戒之！）

2．为学者格言联：

境由心造　事在人为

思成于静　业精于勤

静以修身　勤以养德

宁静致远　急躁难长

志士恨日短　庸人嫌天长

雅量含高远　良言见古今

欲求生富贵　须下死功夫

养心莫善寡欲　至乐尤为读书

骄傲来自浅薄　狂妄出于无知

有关家国书常读　无益身心事莫为

宝剑锋从磨砺出　梅花香自苦寒来

业精于勤荒于嬉　行成于细毁于粗

书到用时方恨少　事非经过不知难

读书方恨知识浅　观海始觉天地宽

书到疑时翻成悟　文至穷处自有神

世事洞明皆学问　人情练达即文章

板凳要坐十年冷　文章莫写一字空

每逢良师心先喜　得见奇文手自抄

思其坚以图其易　学有志而行有恒

学习不为名传世　修身惟思利及人

书山有路勤为径　学海无涯苦作舟

学得真趣精神爽　事逢疑难智慧开

非关因果方为善　不计名利始读书

黑发不知勤学早　白首方悔读书迟

至理名言，置之座右　清天明月，悬于心中

为学日益，为嬉日损　大勇若怯，大智若愚

学如逆水行舟，不进则退　心似平原走马，易放难收

风声雨声读书声，声声入耳　家事国事天下事，事事关心

读古人书，须设身处地一想　论天下事，要揆情度理三思

大本领人，当时不见奇异处　敏学问者，终生无所满足时

遵道而行，但到半途须努力　会心不远，欲登绝顶莫辞劳

何物动人，二月杏花八月桂　有谁催我，三更明月五更鸡

何必读尽圣贤书，能识世态，便为实学

纵然历遍天下事，不知进退，终是愚人

3．为人者格言联：

勤有功　戏无益

言必行　行必果

顺天者昌　逆天者亡

祸由恶积　福缘善生

人为财死　鸟为食亡

人无远虑　必有近忧

效梅傲雪　学竹虚心

淡泊明志　平易近人

施惠勿念　受恩莫忘

知荣知辱　立德立身

失意休馁　得势莫狂

生为人杰　死亦鬼雄

宁为玉碎　不求瓦全

人以诚为本　事由信作基

人无信不立　鸟有翅能飞

无私德乃大　不欺心自安

道高龙虎伏　德重鬼神钦

人品超梅上　风格蕴竹间

君子喻于义　小人喻于利

饱暖思淫欲　饥寒起盗心

终身争一息　每事要三思

弃燕雀小志　效鸿鹄高翔

海阔凭鱼跃　天高任鸟飞

子孝千祥集　家和万事兴

家贫出孝子　国乱显忠臣

妻贤夫祸少　子孝父心宽

黄金非为贵　安乐值钱多

将相本无种　男儿当自强

居身务期勤俭　教子要有义方

宜未雨而绸缪　勿临渴而掘井

静坐常思己过　闲谈莫议人非

怕人知道休做　要人敬重勤学

传家有道惟存厚　处事无奇但率真

虚心竹有低头叶　傲骨梅无仰面花

未出土时便有节　及凌云处尚虚心

常将有日思无日　莫待无时想有时

临崖勒马收缰晚　船到江心补漏迟

横眉冷对千夫指　俯首甘为孺子牛

善士自有善士助　恶人岂无恶人磨

良药苦口利于病　忠言逆耳利于行

良言一句三冬暖　恶语半声六月寒

知事少时烦恼少　识人多处是非多

欲除烦恼须无我　历尽艰辛好做人

当饮酒处且饮酒　得高歌时便高歌

三寸气在千般用　一旦无常万事休

勺饮不器盛沧海　拳石频移磊泰山

海纳百川，有容乃大　壁立千仞，无欲则刚

义则居先，利则居后　敬人所长，恕人所短

金石其心，芝兰其室　仁义为友，道德为师

善欲人见，不是真善　恶恐人知，便是大恶

力求有功，方能无过　必先破旧，而后立新

话虽到口，三思更好　事纵放心，再慎何妨

乖僻自是，家道难成　颓堕自甘，悔误必多

兰信有期，当春则放　竹怀无曲，至老犹虚

品格清高，邀梅作友　襟怀磊落，拜石为兄

取静于山，寄情于水　虚怀若竹，清气若兰

事当三思，谨防忙中有错　气能一忍，方知过后无忧

以理服人，哪怕豪强似虎　照章办事，何惧官法如炉

用诡计害人，必遭报应　凭良心做事，自得心安

积金积玉，不如积书教子　宽天宽地，莫若宽量待人

一粥一饭，当思来处不易　半丝半缕，恒念物力维艰

平葵作扇，谁知死叶又生风　老柏为香，孰料枯枝能复火

事在人为，休言万般都是命　境由心造，前进一步路自宽

鬼鬼祟祟，即富贵也怕地狱　坦坦荡荡，虽忧患亦开天怀

摇破彩舟一片帆，皆因浪荡　烧残红烛两行泪，只为风流

见富贵而生谄媚者，最可耻　遇贫穷而作骄态者，贱莫甚

花繁柳密处拨得开，方见手段　风狂雨骤时立得定，才是脚跟

发上等愿，结中等缘，享下等福
择高处立，就平处坐，向宽处行

要做掀天揭地功事，须从薄冰上履过
欲立美玉精金人品，要经烈火中锻来

孝悌忠信，礼义廉耻，乃擎天八根大柱
慈爱温良，谦和敬让，真处世千古良方

女无不爱，媳无不憎，劝天下家婆，减三分爱女之心爱媳
妻何以顺，亲何以逆，愿尔辈人子，将一点顺妻之意顺亲

4．交友者格言联：

海内存知己　天涯若比邻

疾风知劲草　烈火见真金

路遥知马力　日久见人心

相识有千面　知心能几人

奇书手不释　良友心相知

交友交良友　择亲择善亲

交友应学人长　处世当克己短

小朋友手拉手　老夫妻心连心

身无彩凤双飞翼　心有灵犀一点通

松竹梅岁寒三友　桃李杏春暖一家

酒逢知己千杯少　话不投机半句多

效梅傲雪休傲友　学竹虚心莫虚情

交情到老方为贵　处世无奇但率真

好书悟后三更月　良友来时四座春

无求方觉人情厚　克己始知世路宽

人间岁月闲难得　天下知交老犹亲

好书不厌观又读　良友何妨去复来

人生得一知己足矣　斯世当以同怀视之

远富近贫，以礼相交天下少　疏亲慢友，因财而散世间多

（七）风景联

“风景联”，是指那些状景抒情的联语。风景联源于诗词，用于景区，是对联文坛中最富文学性的联语。风景联均为联语作者对自然景物细致观察和对人生哲理深切感悟的结晶，立意神奇，构词巧妙，状物形象，情景交融，如诗如画，切情切理，赏心悦目，增知益智。例如：

风来花自舞　春入鸟能言

林静莺声远　日高花影重

园静花留客　亭闲鸟近人

静中听水近　高处见山多

雪拥梅花俏　春回柳色新

江流天地外　山色有无中

石压笋斜出　岩垂花倒开

水清鱼可数　树秃鸟来稀

明月松间照　清泉石上流

云卷千峰集　风驰万壑开

野旷天低树　江清月近人

白日依山尽　黄河入海流

星垂平野阔　月涌大江流

感时花溅泪　恨别鸟惊心

鸟啼云山静　花落溪水香

低枝先抽碧叶　高山多戴素冠

雪里梅花称俊杰　霜中菊蕊是英豪

近水楼台先得月　向阳花木早逢春

绕堤柳借三篙翠　隔岸花分一脉香

千条杨柳迎春绿　万朵荷花映日红

接天莲叶无穷碧　映日荷花别样红

海到无涯天作岸　山登绝顶我为峰

风生碧涧鱼龙跃　月照青山松柏香

千载图画山色里　四季歌曲鸟声中

树影横窗知月上　花香入梦觉春来

竹密不妨流水过　山高无碍白云飞

爽借清风明借月　动观流水静观山

沾衣欲湿杏花雨　吹面不寒杨柳风

春风放胆来梳柳　夜雨瞒人去润花

花低暖蕊斜窥水　竹瘦晴梢巧避山

荷枯已无擎雨盖　菊残犹有傲霜枝

芳林新叶催旧叶　流水前波让后波

三春花好香成海　八月涛生水作山

沉舟侧畔千帆过　病树前头万木春

山重水复疑无路　柳暗花明又一村

鹤立霜田书古篆　莺歌枝头咏新诗

家临水边容颜嫩　窗近花前笔墨香

疏影横斜水清浅　暗香浮动月黄昏

无边落木萧萧下　不尽长江滚滚来

即景生情，粉蝶舞春花弄影　涉园成趣，红梅映日草铺茵

红杏出墙，满园春色关不住　绿槐夹道，午荫铺地扫难开

爽气西来，清风扫尽天地怨　大江东去，流水洗净古今愁

（八）楹联

“楹联”，就是题、挂、镶、刻在庵观寺庙、楼堂馆所、山水园林等风景名胜之地门柱上的对联。

楹联涉及范围极为广泛，遍及全国乃至世界各地，凡是风景名胜之地，都有楹联高挂。楹联均为前人对景点历史渊源和人文内涵的感悟和总结，是景点的点睛和提示之笔。有的绘景状物，借景抒情；有的评人论史，叙事咏怀；有的庄严深沉，有的明快豪放；既有玲珑小品，又有鸿篇巨制；既可装饰在豪门大殿上为雄关险隘宣威，又可悬挂在山野小亭中为平湖小溪润色。楹联，装潢精美，端庄大方；字体龙飞凤舞，五光十色；联语争奇斗巧，万紫千红；内容丰富多彩，蕴意含蓄精深。楹联是我国千百年来的思想积淀、文化精粹和书法艺术宝库。游人在旅游时如能

留心品读景点的楹联，便可从历史的深度和人文的广度上充分感受景点的佳境佳趣。

楹联的最大特点是它的公共性。楹联均公开展现在公众游览场所，任人品评和检验。不论撰联人身份的高低贵贱，只要是奇联佳作，则有口皆碑，八方传颂，万世不没；凡是劣品，则总要被历史淘汰。例如：云南昆明大观楼上有一副非常有名的长联，其作者孙髯虽然只是一介白衣寒士，但此联却为世代人民所称颂，就连那些翰林学士们都自愧不如。清朝道光年间，云南总督阮元虽曾依权仗势妄改此联，弃而代之，但却在世人“阮烟袋不通，腌菜萝卜葱，擅改名人对，笑煞孙髯翁”的讽骂声中，不得不将原联重新复位。

楹联的公共性还在于它可以隔代交流。例如：在浙江杭州灵隐寺前的飞来峰下冷泉亭中挂着明朝大书画家董其昌题写的“泉自几时冷起，峰从何处飞来”的楹联，历朝历代多有游人唱和对答。清朝学者俞曲园携女游览时，俞对曰：“泉自有时冷起，峰从无处飞来。”俞女秀孙对曰：“泉自禹时冷起”（意为大禹治水时将其治冷的）“峰从项处飞来”（意为项羽曾吟“力拔山兮”是项羽拔山飞来此地）。石洽堂对曰：“泉自冷时冷起，峰从飞处飞来。”左宗棠的对句更为奇特：“在山本清，泉自源头冷起，入世皆幻，峰从天外飞来。”还有的说：“春秋阅尽水常冷，风雨到来山欲飞。”真乃隔代唱和，各抒己见，其乐无穷。

千百年来，楹联遍地，山堆海积，不计其数，现择其一二，以供欣赏。

北京故宫乾宫联：

红日初升，万户祥云临复道

青阳乍转，九天嘉气敞重楼

北京颐和园联：

皎月白如银，辽海浪涛天外月

乱山蹲似虎，长城围锁塞边山

北京四川会馆联：

此地方停骖，剪烛西窗，偶话故乡风景：峨眉秀、剑阁雄、巴江曲、锦水清涟，顿觉名山大川，俱朝魏阙；

入京思献策，扬鞭北道，难忘先哲典型：相如赋、太白诗、东坡文、升庵科第，行见佳人才子，又到长安。

北京通县运渠河楼联：

高处不胜寒，溯沙鸟风帆，七十二沽丁字水；

夕阳无限好，对燕云蓟树，百千万叠米家山。

上海陈公祠联：

昔时未读五车书，雅量清心，温如玉，冷如冰，是大将实乃大儒，使天下讲道论文人愧死；

此日竟成千秋业，忠肝义胆，重于山，坚于石，忘我身不忘我主，任世间寡廉鲜耻辈偷生！

河北井陉县苍岩山福庆寺联：

殿前无灯凭月照　山门不锁待云封

河北保定古莲花寺联：

花落闲庭，爱光景随时，且作清游寻胜地；

莲香池静，问弦歌何处，更教思古发幽情。

山西太原悬瓮山晋祠联：

灵泉浩浩，万顷琉璃穷地脉

圣水溶溶，九涯珠玉荡天光

溉汾州千亩田，三分南，七分北，浩浩同流数十里，淆之不浊；

出瓮山一片石，冷于夏，温于冬，冽冽有本亿万年，与世长清。

吉林市场闸门联：

三宝在长春，人参貂皮乌拉草

八珍夸永吉，鹿茸熊掌龙江茶

陕西潼关城楼联：

华岳三峰凭槛出　黄河九曲抱关来

陕西勉县定军山武侯墓大殿联：

水咽波声，一江天汉英雄泪

山无樵采，十里定军草木香

陕西凤县留侯祠联（冯玉祥题）：

豪杰今安在，看青山不老，紫柏常芳，想那志士忠臣，千古犹留凭吊所；

神仙古来稀，设黄石重逢，赤松再遇，得此洞天福地，一生愿作逍遥游。

甘肃敦煌阳关长亭联：

悲欢聚散一杯酒　南北西东万里程

山东泰山南天门联：

门辟九霄，仰步三天胜迹　阶崇万级，俯临千丈奇观

山东泰山孔子崖联：

仰之弥高，钻之弥坚，可以语上也；

出乎其类，拔乎其萃，宜若登天然。

山东曲阜衍圣公府联：

与国咸休，安富尊荣公府第

同天并老，文章道德圣人家

山东济南辛弃疾祠联：（郭沫若题）

铜板铁琶，继东坡高唱大江东去

采芹悲黍，冀南宋莫随鸿雁南飞

江苏南京袁简齐园（明中山王故邸）联：

大江东去，浪淘尽千古英雄，问楼外青山，山外白云，何处是唐宫汉阙？

小苑春回，莺唤起一庭佳丽，看池边绿树，树边红雨，此间有舜日尧天！

江苏金陵明故宫联：

世事如棋，一着争来千古业

柔情似水，几时流尽六朝春

江苏苏州网师园濯缨水阁联：

水面文章风写出　山头意味月传来

江苏苏州抱绿渔庄联：

聆棹歌声，辨云树影，掬月波香，水绿山青，此地有出尘遐想；

具著作才，兼书画癖，结泉石缘，酒狂花隐，其人真绝世风流！

江苏镇江李忠定公祠联：

文克经邦，武克定乱，勋名过开元宰相；

忠以扶主，哲以保身，理学推大宋名儒。

江苏扬州梅花岭史忠正公祠联：

殉社稷，只江北孤城，残山剩水，尚留得风中劲草；

葬衣冠，有淮南抔土，冰心铁骨，好伴取岭上梅花。

（史可法为明末抗清名将，守扬州孤城时高呼“我就是史督师”，壮烈牺牲。其子将其衣冠葬此梅花岭上。相传，史母夜梦文天祥入怀而生可法，其母乃以文天祥的浩然正气和诸葛亮的大忠大义教子处事为人。）

大义君臣重

孤忠天地知

生有自来文信国

死而后已武乡侯

骑鹤楼头，难忘十日
梅花岭畔，共仰千秋

读生前浩气之歌，废书而叹
结再世孤忠之局，过墓兴哀

我就是史督师，百世如闻狮子吼
更墓上梅花岭，千秋自有姓名香

江苏扬州杏轩联：

栏外山光，历春夏秋冬万千变幻，都非凡境
窗中云影，任东西南北来去淡荡，洵是仙居

江苏扬州听泉楼联：

风生碧涧鱼龙跃　月照青山松柏香

浙江杭州西湖平湖秋月联：

山远疑无树　湖平似不流

浙江杭州西湖三潭印月联：

有山皆图画　无水不文章

大地少闲人，谁能做风月嘉宾，湖山贤主？
六桥多胜迹，我爱此荷花世界，鸥鸟家乡！

浙江杭州西湖岳坟岳王庙联：

千古冤案莫须有
百战忠魂归去来

正邪自古同冰炭
毁誉于今判伪真

咳！仆本无心，有贤妻何至若斯；

啐！妇虽长舌，非老贼不到今朝。

观瞻气象耀民魂，喜今朝祠宇重开，老柏千寻抬望眼；
收拾山河酬壮志，看此日神州奋起，新程万里驾长车。

史笔秉丹书，真耶伪耶，莫问那十二金牌，七百年志士仁人，更何等悲歌泣血；
墓门凄碧草，是也非也，看跪此一双铁鬼，亿万世奸臣贼妇，受许多恶报阴诛。

浙江嘉兴南湖烟雨楼联（中共一大会址，董必武题）：

烟雨楼台，革命萌生，此间曾著星星火；
风云世界，逢春蛰起，到处皆闻声声雷。

安徽安庆大观亭联：

秋色满东南，自赤壁以来，与客泛舟无此乐；
大江流日夜，问青莲而后，举杯邀月更何人？

樽前帆影，槛外岚光，数胜迹重重，都向江头开画本；
楼上仙人，阁中帝子，溯游踪历历，又来亭畔吊忠魂。

安徽马鞍山市采石矶大风亭联：

去帆疑峡走　卷浪骇江飞

安徽马鞍山市采石矶太白楼联：

荐汾阳再造唐家，并无尺土酬功，只落得采石青山，供当日神仙笑傲；
喜妃子能谗学士，不是七言感怨，怎脱去名缰利锁，让先生诗酒逍遥！

安徽黄山高台联：

高阁逼层霄，举头红日近　远山收入画，回首白云低安徽合肥包公祠联：

忠贤将相
道德名家

理冤狱，关节不通，自是阎罗气象
赈灾黎，慈悲无量，依然菩萨心肠

照耀千秋，念当年铁面冰心，建谠言不希后福；
闻风百世，至今日妇人孺子，颂清官只有先生。

（包文拯一生铁面无私、清正廉明，德配天地，忠昭日月，古今赞颂，万世流芳。）

江西南昌滕王阁联：

隔岸眺仙踪，问楼头黄鹤，天际白云，可被大江留住？
绕栏寻胜迹，看树外烟波，洲旁芳草，都被杰阁收来。

兴废总关情，看落霞孤鹜，秋水长天，幸此地湖山无恙；
古今才一瞬，问江上才人，阁中帝子，比当年风景如何？

江西南昌滕王阁仙人旧馆联：（清朝福州太守李奇宴题）

我辈复登临，目击湖山千里而外；
奇文共欣赏，人在水天一色之中。

江西湖口县石钟山风清亭联：

海市蜃楼，江上烟波偏媚我；
山明水秀，湖中风月最宜人！

江西会馆联（镇江）：

座中多是故乡人，喜一榻茶烟，好同话南浦朝云，西山暮雨；
江上别开名胜地，近二分明月，试平眺东流雪浪，北固晴霞。

河南南阳卧龙岗武侯祠联：

自古宇宙垂名，布衣有几
能使山河生色，陋室何妨

心在朝廷，原无论先主后主

名高天下，何必辩襄阳南阳

湖北襄阳人顾嘉衡到南阳任知府时题：

纵论三分天下，审时通策佐先主；

常怀一统江山，辅国连治启后人。

巾扇任逍遥，试看抱膝长吟，高卧尚留名士隐；

井庐空眷念，可惜鞠躬尽瘁，归耕未慰老臣心。

立足于草野渭滨之间，表读出师，两朝勋业惊司马；

结庐在紫峰白水一侧，曲吟梁父，千载风云起卧龙。

河南汤阴岳飞庙联：

精忠报国家，风波竟喋英雄血

奇冤壮烈士，天地常留民族魂

[岳飞为南宋时民族英雄，生于汤阴，长于内黄。幼时，其母在其背上刺下“精忠报国”四个大字。宣和四年（1122年）从军，英勇善战，屡立军功，就连金军也感叹“撼山易，撼岳家军难。”后官居江淮宣抚使，司右军统制。在抗金战争将胜之际，奸臣秦桧联外攘内，卖国求荣，对岳飞弹劾诬陷，十二道金牌将岳飞从朱仙镇战场上诏回，以“莫须有”罪名将岳飞害死。英雄岳飞，流芳千古，奸臣秦桧，遗臭万年。]

河南朱仙镇岳飞庙联：

精忠贯日月

壮志垂山河

三字含冤，全忠全孝

一军难撼，慑佞慑金

若斯里朱仙不死，知当日金牌北诏，三字含冤，定击碎你这极恶滔天黑心宰相；

如比邻关圣犹生，见此景铁骑南旋，万民哭留，必保全我那精忠报国赤胆将军！

河南郑州邙山联：

登北邙，居高瞰远，气象万千，广阔无限，伟伟乎，中国大地；观黄河，抚今追昔，波涛澎湃，奔流不息，悠悠然，华夏摇篮！

河南嵩山绝顶联：

翠色千重包紫塞　黄河一线下秦川

河南许昌天宝宫联（苏东坡题）：

庙貌与天齐，云来云去风不定，无异空中楼阁

画工从地起，花开花谢景常新，真乃蓬莱仙境

河南登封周公测景台联：

道通天地有形外　石蕴阴阳无影中

河南潢川铁旗杆联：

铁杆颂德高千尺　铜柱表诚灿九霄

河南三门峡联：

雄流峭壁三门险　鬼斧神工一道通

湖北武汉黄鹤楼联：

对江楼阁参天立

全楚山河缩地来

爽气西来，云雾扫开天地憾

大江东去，波涛洗尽万古愁！

何时黄鹤重来，且自把金樽，看洲渚千年芳草；

今日白云尚在，问谁吹玉笛，落江城五月桃花？

数千年胜迹，旷世传来，看凤凰孤屾，鹦鹉芳洲，黄鹤渔

矶，晴川杰阁，好个春花秋月，只落得剩水残山，极目古今愁，是何时崔颢题诗、青莲搁笔？

一万里长江，几人淘尽，望汉口斜阳，洞庭远涨，潇湘夜雨，云梦朝霞，许多酒兴风情，仅留下苍烟夕照，放怀天地窄，都付与笛声缥缈，鹤影蹁跹！

湖北汉阳晴川阁联：

山势西分巫峡雨　江流东压海门潮

湖北襄阳隆中诸葛亮旧居联：

两表酬三顾
一对足千秋

三顾频烦天下计
一番晤对古今情

［诸葛亮，字孔明，三国时杰出的政治家、军事家。出山前隐居茅庐。汉王刘备三顾茅庐请诸葛，隆中一对三国鼎立。出山后任蜀国丞相，忠贞不渝。刘备托孤，刘禅继位后，封诸葛亮为武乡侯，领益州牧，政无大小，由其决定。建兴五年（227年）征曹前忧禅懦弱，写表劝慰；次年因内有反征之言，又写表安稳禅心，此为前、后出师表。“鞠躬尽瘁，死而后已”，赤胆忠心，感天动地！］

湖南岳阳楼联：

一楼何奇，杜少陵五言绝唱，范希文两字关心，滕子京百废俱兴，吴纯阳三过必醉，诗耶、儒耶、吏耶、仙耶，前不见古人，使我怆然泪下；

诸君试看，洞庭湖南极潇湘，扬子江北通巫峡，巴陵山西来爽气，岳州城东道岩疆，潴者、流者、峙者、镇者，此中有真意，问谁领会得来？

四面湖山归眼底
万家忧乐到心头

我其仙乎，吞云梦者八九
登此楼也，览气象兮万千

湖南岳阳楼弥勒佛殿联：

大肚能容，了却人间多少事
满心欢喜，笑开天下古今愁

放不开眼底乾坤，何必登斯楼饮酒
吞得尽胸中云梦，方可对仙人吟诗

湖南岳阳小乔墓联：

铜雀有遗悲，豪杰功随三国没
紫鹃无限恨，潇湘月冷二乔魂

战士久无家，赤壁清风苏子赋
佳人犹有冢，黄陵芳草杜鹃啼

铜雀锁春风，可怜歌舞楼台，千秋不传奸相乐
杜鹃啼落月，也为英雄夫婿，三更犹吊美人魂。

湖南岳阳范仲淹祠联：

兵甲富于胸中，一代功名高宋室
忧乐关乎天下，千秋俎豆重苏台

湖南衡山南天门联：

门可通天，仰观碧落星辰近
路承绝顶，俯看翠薇峦屿低

湖南长沙屈、贾二公祠联：（清进士左杏庄撰）

亲不负楚，疏不负梁，爱国忠君真气节
骚可为经，策可为史，径天行地大文章

（楚大夫屈原，西汉太傅贾宜，虽被放逐而不变爱国忠君之心）

湖南长沙岳麓山爱晚亭联：

晚景自堪嗟，落日余晖，凭添枫叶三分艳；
春天无限好，生花妙笔，难写江天一色秋。

夕阳虽好近黄昏，白日依山，莫若晨曦出海；
秋气从来多肃煞，丹枫如画，何如红芍飘香。

湖南洞庭湖东石承山联：

烟光随地尽　水色到天无

广州烈士陵园联：

烈士史长传，义在广州功在国
陵园春永驻，花常吐艳柏常青

广州镇海楼联：

急流与天争入海
乱云随日共沉山

千万劫危楼尚存，问谁摘斗摩霄，目空今古？
五百年故侯安在，使我依栏看剑，泪洒英雄！

广州新会县圭峰山读泉亭联：

瀑水当亭晴亦雨
松涛绕榻夏犹凉

鸟语和溪音，自在笙簧，不假人间丝竹；
山云笼树色，天然图画，何劳笔下丹青？

广东罗浮山酥醪观联：

万壑烟云浮栏出　半天松竹拂窗来

广西桂林七星岩联：

地有七星邻北斗　人如二客伴东坡

广西桂林画山联：

春在江山上　人入画图中

广西桂林桂山书院联：

理本精深，看阶前双水合流，寻到源头方悟彻；

学无止境，想宇后孤峰独秀，登来巅顶莫辞劳！

广西桂林城隍庙联：

地狱即在眼前，莫到犯了罪时方才醒悟；

业镜虽悬台上，只要过得意去也肯慈悲！

四川成都武侯祠联：

成大事以小心，一生谨慎

仰风流于遗像，万古清高

（冯玉祥撰）

能攻心则反侧自消，从古知兵非好战；

不审时即宽严皆误，后来治蜀要深思。

（清末赵藩题）

合祖孙父子兄弟君臣，辅翼在人纲，百代存亡争正统；

历齐楚幽燕吴越秦蜀，艰难留庙祀，一堂上下共千秋！

南华经，相如赋，班固文，马迁史，薛涛笺，右军帖，少陵诗，摩诘画，屈子离骚，古今绝艺；

沧海日，赤城霞，峨嵋雪，巫峡云，洞庭月，彭蠡烟，潇湘雨，广陵涛，庐山瀑布，宇宙奇观。

（此联原为清代安徽寿县神童李文举为名师邓石如撰写的书斋联。后为当代文豪郭沫若夫人邓立群题挂成都武侯祠。）

四川成都杜甫草堂联（明代顾复初撰）：

异代不同时，问如此江山，龙卷虎卧几诗客；

先生亦流寓，有长留天地，月白风清一草堂！

四川成都望江楼联：

花影常迷径

波光欲上楼

引袖拂寒星，古意苍茫，看四壁云山，青来剑外；

停琴伫凉月，予怀浩渺，送一篙春水，绿到江南。

几层楼，独撑东面峰，统近水遥山，供张画谱。聚葱岭雪，散白河烟，烘丹景霞，染青衣雾。时而诗人吊古，时而猛士筹边。最可怜花蕊飘零，早埋了春闺宝镜；枇杷寂寞，空留着绿墅香坟。对此茫茫，百感交集。笑憨蝴蝶，总贪迷醉梦乡中，试从绝顶高呼，问、问、问，这半江月谁家之物？

千年事，总换西川局，尽鸿篇巨制，装演英雄。跃岗上龙，殒坡前凤，卧关下虎，鸣井底蛙。忽然铁马金戈，忽然银笙玉笛。倒不如长歌短赋，抛撒些幽恨闲愁；曲槛回廊，消受得清风好雨。嗟予蹙蹙，四海无归。跳死猢狲，终落在乾坤套里，且向危楼俯首，看、看、看，哪一块云是我的天？

四川成都望江楼濯锦楼联（林思进题）：

夕阳红到枇杷，阅古今过客词人，苔荒共渡千年井；

春风绿生杨柳，触多少离愁别绪，门泊东吴万里船。

四川成都望汀楼崇丽阁联：

比筹边楼图画如何，爽气西来，万里风尘销雪岭；

想海心亭烟波无恙，彩云南望，十年乡梦绕滇池。

层楼高百尺，到最上头，放开眼界，直看我玉垒浮云，锦江春色；

往事越千年，是真才子，自有胸怀，哪管他儒臣特笔，诗史题吟。

多难登此楼，看他千寻浪涌，百尺波涛，问谁砥柱中流，澄清再见？

悲秋常作客，对此四野桑麻，万家灯火，使我凭栏俯视，忧乐关怀！

四川眉山三苏祠联：

静者所怀，相与无与

贤哉其乐，自然而然

宦迹渺难寻，只恃得三杰一门，前无古，后无今，器识文章，浩若江河行大地；

天心原有属，任凭他千磨百炼，扬不清，沉不浊，父子兄弟，依然风雨共名山！

四川眉山剑阁联：

崇山有阁千秋画　流水无弦万古琴

四川泸定县泸定桥联（朱德元帅撰）：

万里长征犹忆泸关险　三军远戍严防帝国侵

四川新都宝光寺桂湖水榭联：

呼吸湖光餐桂露　徘徊秋月漱荷香

四川青城山圆明宫联：

栽竹栽松，竹引凤凰松引鹤

培山培水，山藏虎豹水藏龙

四川灌县青城山天师洞联：

钟敲月上，磬歇云归，非仙岛，莫非仙岛

鸟送春来，风吹花去，是人间，不是人间

四川灌县青城山迎曦楼联：

卅六峰天外飞来，宛然图画，绝对处一横览，雪岭失其高，峨嵋失其秀，剑阁失其雄，咳唾落云霄，谁谓上清还在上？

二三日洞中小住，辜负烟霞，古名士半勾留，少陵曾此游，宾圣曾此居，放翁曾此憩，栖迟尚城市，我亦山人愧不山！

四川广安协兴镇牌坊村邓小平故居联：

小事宏观，大事微观，成事纵横观，败事主客观，牢树英雄宇宙观，卓与壮哉！深谋善断，手理万机，争朝夕，筹议唯勤。忆往昔峥嵘岁月，旅法留苏，倍尝艰险话长征，桂岭打狼，中原逐鹿，淮海缚龙，巴川捉鳖，为解放鸿基，屡建殊勋。抗群魔，消重灾，竟落得抄家削籍，愁抱初衷无悔；耿耿兮，积愤萦怀，笃行马列志弥坚。十年浩劫，几度沉浮，不减英雄本色。九州思治，回挽狂澜，净扫红羊甘受命。昭雪顺民情，错冤假案全甄；洗余污，消余悖，废墟拨乱，弘扬务实精神。无那鼙鼓乍喧，仰赖才通韬略，赫赫军威镇障陲，还我金瓯。推贤荐智，古崇舜让尧禅；争位抢班，近斥江欺林篡。高风亮节，彪炳千秋，举世尊称当代伟人。堂堂仪貌，秩秩德音，岱岳登峰天下小；

平时剑气，战时勇气，穷时傲骨气，达时豪迈气，素标俊彦凌霄气，多且好也！卓见真知，身兼数任，辨是非，指挥若定。看今朝锦绣河山，翔鸾集凤，犹记忧欢国永固，农渔包产，厂矿扩权，税盈同课，党政分工，对共和绪业，常抒构想。统一国，存两制，已会签复港收澳，喜传夙愿将酬；拳拳者，至诚置腹，早合台潮心更切。世纪嘉猷，双番增值，倍钦俊彦襟灵。亿户脱贫，振兴华夏，紧催赤骥欲腾骧。律科孚众望，残陋陈规尽破；开自锢，启自封，肃弊纠偏，控占改革领域。漫谓特区刚辟，敬蒙斗盖研桑，频频捷报拓琼岛，琢斯玉璞。革故鼎新，外引欧资美技；择优蕴萃，内联私贾公商。裕庶强邦，晖荣百族，环球盛赞亚洲奇迹。奕奕神功，皇皇正道，乾坤斗转泰阶平。

（四川楹联学会会员刘科1994年撰。首尾两嵌“小平”其名，巧！）

贵州贵阳北关桥头联：

说一声去也，送别桥头，叹万里长驱，过桥便入天涯路；

盼今日归哉，迎来道左，喜故人重逢，握手还疑梦里身。

贵州镇宁黄果树景区观瀑亭联：

白水如棉，不用弓弹花自散

红霞似锦，何须梭织天生成

贵州贵阳唾绿楼联：

亭前古井长留，激浊扬清，淡泊要明廉吏志；

窗外孤峰特立，居高临下，伛偻须识老人心！

贵州修文县阳明书院联：

刚日读经，柔日读史

十年树木，百年树人

考古证今，致用要关天下事

先忧后乐，存心只为世上人

云南昆明大观楼联（清代孙髯撰）：

五百里滇池奔来眼底，披襟岸帻，喜茫茫空阔无边。看东骧神骏，西翥灵仪，北走蜿蜒，南翔缟素。高人韵士，何妨选胜登临。趁蟹屿螺洲，梳裹就风环雾鬓；更苹天苇地，点缀些翠羽丹霞。莫辜负，四围香稻，万顷晴沙，九夏芙蓉，三春杨柳；

数千年往事涌到心头，把酒凌虚，叹滚滚英雄谁在？想汉习楼船，唐标铁柱，宋挥玉斧，元跨革囊。伟烈丰功，费尽移山精力。尽珠帘画栋，卷不及暮雨朝云，便断碣残碑，都付与苍烟夕照。只赢得，几杵疏钟，半江渔火，两行秋雁，一枕清霜。

云南昆明鸣凤山金殿联：

春梦惯迷人，一品朝衣，误了九寰仙骨，鸡鸣紫陌，马踏红尘，教弟子向哪里跳出；

空山曾约伴，八闽片语，相逢六诏杯茶，剑影横天，笛声吹海，问先生从何处飞来？

福建闽浙交界处枫岭联：

远看疑画，近看似诗，及至身到其间，又觉诗画都无着手处；

善者敬神，恶者畏鬼，究竟皆非异物，须知鬼神出在自心头！

福建厦门郑成功纪念馆联：

开辟荆秦，千秋功业

驱除荷虏，一代英雄

（郭沫若题）

赐国姓家破君亡，永矢孤忠，创基业在山穷水尽；

复父书辞严义正，千秋大节，享俎豆于舜日尧天。

[清代福建、台湾巡抚刘名传撰。郑成功为明代民族英雄。台湾自古即为中国的神圣领土，明末（1642年）被荷兰侵略者侵占。1661年郑成功率将士两万五千人，战船三百五十艘，激战九个月，驱逐荷虏，收复台湾，功勋卓著。其父郑芝龙原为明朝官吏，后背明降清，并奉命传书招安郑成功，郑成功复书拒降，并责其父变节。]

由秀才而封王，撑持半壁旧江山，为天下读书人顿增颜色；

驱外夷以出境，开辟千秋新事业，愿中华有志者再鼓雄风。

（台湾巡抚唐景嵩题）

福建南安县郑成功祠联（1915年福建省长许世英题）：

东海望澎台，风景不殊，举目乃山河有异

南天留祠宇，雄图虽渺，称名则妇孺皆知

台湾高雄郑成功祠联（清代进士沈葆祯撰）：

开万古得未曾有之奇，洪荒留此山川，作遗民世界；

积一生无可奈何之遇，缺憾怀诸天地，是创格完人。

香港青山禅院联：

十里松杉围古寺

百重云水绕青山

白云白鸟飞来去

青史青山自古今

香港宋城联：

大宋汉河山，气势长存威海外

富家王府第，声名远播震域中

第四章　趣联鉴赏

千百年来，在我国繁花似锦的对联文苑中，有许多联语由于其立意新颖别致，构词奇特巧妙，对仗工整严谨，状物生动形象，音韵流畅，趣乐横溢，赏心悦目，增知益智，人们誉称此类联语为“巧趣联”。巧趣联逗人喜爱，引人入胜，实为我国乃至世界文苑之奇葩。

巧趣联虽好，但创作难度较大，出个上句不易，对个下句更难。因此，历朝历代巧趣联的作者为能出得奇巧、对得有趣，不仅在立意构思上呕心沥血，殚精竭虑，使奇联佳作繁花竞放，万紫千红，而且在构词造句上争奇斗巧，标新立异，使联体的艺术形态呈现出五光十色，千姿百态。

古往今来，有关对联的专集专论山堆海集，层出不穷，及时将历朝历代的奇联佳作收录在案，为传承中华文明做出了不朽的贡献。但是，总观古今集论，多为谈规论史，择精集萃，记述趣闻轶事者居多，论及联体艺术形态者较少。现就本人半个多世纪以来对我国古今对联的学习观赏、收集整理、探讨研究之感悟，试对我国古今巧趣对联联体的艺术形态进行分类鉴赏，并对联语予以简略点评，抽抒浅见，集思广益。不当之处，敬请批评指正。

一、析字篇

我国的汉字系由表意文字、表音文字以及二者相互组合而成的文字，每个汉字不仅一字一形、一形一音、一音一义，而且有些字尚为一字多音、多义，有的字还可以拆卸组合成为别的文字。因此，千百年来，一些联语作者就抓住汉字的这些特点，大动脑筋，巧做文章，使奇联佳作层出不穷。

此类联语乍一看来令人莫名其妙，如坠云雾之中，但当你对联语中某些文字的字形结构、音义含意仔细分析以后，便可洞明联意，恍然大悟。因此，此类联语便称作“析字联”，也叫“析字谜联”。

析字联立意奇巧，构词严谨，文学性强，艺术性高，赏心悦目，增知益智，堪为对联文坛之一绝。

析字联的艺术形态多种多样，综观其艺术特点，大致可分为：拆字联、合字联、拆组字联、析字联、折字谜联、象形联等。

（一）拆字联

门上挂珠帘，你说是王家帘、朱家帘

半夜生孩儿，我不知子时儿、亥时儿

（明代书画家唐伯虎对祝枝山。“珠”拆为王、朱，“孩”拆为子、亥。）

和尚和尚书诗，因诗言寺

上将上将军位，以位立人

（明代翰林学士解缙对尚书。出句两个“和尚”音义各异，“诗”拆言、寺。对句两个“上将”音义各异，“位”拆人、立。）

李家十八子

奏事二三人

（明代吏部尚书李东阳对学士。“李”拆十、八、子，“奏”拆二、三、人。）

议论吞天口

功名志士心

（明代状元林大茂幼年对塾师。“吞”拆天、口，“志”拆士、心。）

冻雨洒窗，东两点，西三点

切瓜分客，横七刀，竖八刀

（明代文学家蒋焘幼年对客人。拆字自然巧妙，对仗工整严谨。堪为佳作。）

冯二马，驯三马，冯驯五马

伊有人，尹无人，伊尹一人

（明代十岁神童对知府冯驯。）

鸿是江边鸟

蚕为天下虫

（明代吏部尚书杨一清对学士。“鸿”拆江、鸟，“蚕”拆天、虫。）

閒看门中月

思耕心上田

（清代刑部尚书史致俨幼年对考官。“閒”拆门、月，“思”拆心、田。）

踢破磊桥三块石

剪开出字两座山

（相传，清代学政李调元上任途中，轿夫踢倒小童磊桥，童不依，出句令对，李对不出，其妻教之方对出。童笑曰：此句是女人所对，男子不用剪刀，何用剪字？李脸红无语。我想：李身为学政，焉能对不出如此平易之句？此传当为后人调笑之说。）

闵先生门内文字

吴学士天上口才

（清代闵塾师对吴翰林。“闵”拆门、文，“吴”拆天、口。）

道去走之旁，空悬其首

生少下一横，人变为牛

（清代湖南常宁官庄四壮汉抬联讽骂酷吏谷道生。）

花为草化

星乃日生

槐是木鬼

岳为山丘

堤是土夯就

笛由竹做成

品泉三口白水

竺仙两个山人

品泉井喝三口白水

竹镛寺迎两个金童

笑看二人双眼竹下

闲瞧孤木独立门中

进古泉连饮十口白水

登重岳纵览千里丘山

李氏姑娘身怀十八子

方家子弟头斩一万刀

（二）合字联

酉加卒是个醉，目加垂是个睡，老神仙怀抱酒坛枕上偎，不知是醉还是睡；

月加半是个胖，月加长是个胀，胡乡绅挺起大肚堂中晃，不知是胖还是胀。

（相传，此为唐代诗仙李白醉对胡乡绅。醉态可掬，肥姿可目，风趣幽默，令人捧腹。）

二人土上坐

一月日边明

（相传，此为金代李妃对金章宗皇帝。）

人曾是僧，人弗能成佛

女卑为婢，女又可为奴

（北宋才僧佛印对才女苏小妹。）

天寒地冻，水无一点不成冰

国乱民愁，王不出头谁做主

（元末，朱元璋因天寒地冻，滴水成冰，即景偶吟上句，部下大将葛恩乘机对句规劝朱元璋起兵主事，救国救民。古之“冰”字为水旁一点。）

天下口，天上口，志在吞吴

人中王，人边王，力图全任

（元末，朱元璋领兵抗元途中，以“越甲吞吴”立意，立志攻克南京，立国为君，雄心壮志，溢于言表。军师刘伯温对句劝朱既要攻克南京，也应攻克北京，彻底推翻元朝，统一全中国。有此高人相助，自然伟业必兴！）

千里为重，重山重水重庆府

一人成大，大邦大国大明君

（明太祖朱元璋钟爱对句，常同朝臣唱和，得知国子监监生福通为重庆人，出句令对。福通对句奉迎，后升为浙江布政使。真乃良言一句三冬暖，古今皆然！）

日月并明，万国仰大明天子

丘山为岳，四方颂太岳相公

（明代媚臣丘岳献金联贺太岳相公寿诞，行贿邀宠。贱！）

十口心思，思国思民思社稷

八目尚赏，赏风赏月赏秋香

（明代才子祝枝山对唐伯虎。“社稷”原为古代帝王祭祀土神、谷神，后为国家代称。此联庄谐兼容，既表唐之忧国忧民之心，又谐其“三笑点秋香”之事。）

四口同圖，内口皆归外口管

五人共傘，小人全靠大人遮

（相传，明代翰林杨溥幼年家贫欠税，差役欲拘其父，杨牵衣泣求。差役出句令对，杨对句生动形象，切情切理，其父得救。真乃才子也！孝子也！）

月在东，日在西，天上生成明字

女居左，子居右，世间定配好人

（明代正统进士万安幼年对客人。）

寸土为寺，寺旁言诗，诗曰：明月迎僧归古寺

双木成林，林下示禁，禁云：斧斤逢时入山林

（明代樵夫对尚书。出句连组“寺、诗”二字，并且“月”为明之半，奇巧难对。对句连组“林、禁”二字，并且“斤”为斧之半，巧妙自然！尚书惜其才，将女儿许之为妻。）

小子，重叠两山该是重，为何读出

老夫，出行千里应为出，怎么念重

（明代文学家金圣叹和小童逗笑联。）

四口兴工造器成，口多工少

二人抬木归來（来）晚，人短木长

（明代文人丁逊学、吴文泰唱和联。）

山石岩下古木枯，此木为柴

白水泉边子女好，少女真妙

（清代康熙皇帝对寺僧。上下联各连组三字，一气呵成，切

景切情，自然流畅，妙！）

十口心思，思妻，思子，思父母

寸身言谢，谢天，谢地，谢君王

（清代大学士纪晓岚对乾隆皇帝。君明臣敬，切理切情！）

此木为柴山山出

因火成烟夕夕多

（清代翰林刘尔炘对友人。自然流畅，生动形象！）

少目焉能评文字

欠金安可望功名

——口大欺天

（清代直隶总督吴省钦任主考时贪赃枉法，人撰此联指名道姓讥讽之！）

少小欺大乃为尖

恶犬称王即是狂

（清代文学家魏源十岁对地痞。）

四维羅，夕夕多，罗汉请观音，客少主人多

弓长张，隹隹雙，张生求红娘，男单女成双

（清代文学家李调元对僧人。罗汉五百，观音一人，故曰客少主人多。《西厢记》中张君瑞、崔莺莺、红娘二女一男，故曰男单女成双。）

学正不正，诸生皆以为歪

相公言公，百姓自然无讼

（清代县令、学官互讽联。）

曾国光，曾学士，腰中加四点，鲁班才子

史宗师，史大人，头上添一横，吏部天官

[清代四川举人曾世虎（字国光）应会试中进士后同主考史大人寻趣逗乐联。幽默风趣，巧妙自然！]

两火为炎，既然不是盐酱之盐，为何加水变淡
两土为圭，既然不是乌龟之龟，为何加卜成卦
两日为昌，既然不是娼妓之娼，为何加口便唱

（清代“热河诗社”两小童对知府卜昌。）

小大由之，合成尖迪二字
千里见王，凑作重现双文

（清代才子文衡山对王雅宜。上句典出《论语》：“礼之用，和为贵，先王之道，斯为美，小大由之。”对句典出《孟子·公孙丑·下》：“千里而见王，是予所欲也，不遇故去，岂予所欲哉。”）

因火成烟，若不撇开真是苦
舍官作舘，入而忘返难为人

（清代劝人戒毒联。联中“烟、舘、若、入，是、为、苦、人”八个字，语重心长，触目惊心，世人应思之！戒之！）

门内有才，闭门岂能纳才子
目旁是贵，瞶眼不会识贵人

（毛泽东幼年同学友萧子蟑唱和联。）

羊年示瑞，祥酒伴君更岁序（出句）
沽上月华，湖笔催我写新联（周柏涛对）
喜日力勇，嘉期催我抒豪情（汉三对）

（1991年山东嘉祥羊年“祥酒杯”迎春征联选。）

夕夕多良会
人人从夜游

马大可骑马
牛角刀解牛

水少沙即现

是土堤自成

吴子多言终自误
乔公有女格外娇

大小十人撑双伞
内外八口绘两圖

木口杏口口口品
山石岩石石石磊

双木林生高山嵩顶
三石磊在白水泉边

二人合口便吞，口藏天下
女又多心即怒，心沉奴孤

羽户石皮，湖北先生摇破扇
圭革不正，江南女子趿歪鞋

上有心，下有心，上下同心，何必忐忑不安
左是人，右是人，左右皆人，定能佐佑逢源

（三）拆组字联

竹寺等僧人曾来，双手拜四维羅汉
木门闲访言方至，两山出小大尖峰

（明代状元伦文叙对客人。上下联各组拆四字，一气呵成，妙！）

力士有口偏加吉
提控无才总是空

（明代神童王洪对父友。）

地中取土，加三点以成池

囚内出人，进一王而得国

（相传，明代宁王朱宸濠阴谋篡夺皇位。牢中一罪臣撰此联声言只要放他出狱就能帮其夺取皇位。后来，朱谋反遭囚丧命。）

闯贼无门，匹马横行天下

元凶有耳，一兀直捣中原

（南明奸臣马士英、阮大铖横行霸道，人题此联讽之。）

妙人兒倪氏少女

大言者诸葛一人

（清代歌姬倪氏对乾隆皇帝。拆组自然。妙！）

松木公，椒木叔，木木成林分公叔

崇山宗，岐山支，山山叠出别宗支

（清代举子林召堂考中状元后，村中林姓搭台唱戏庆贺，请其入族。林状元由于同宗而不同支，不便入族，便借题戏台联之机，表明宗支有别，婉拒入族。立意奇巧，构词严谨，对仗工整，自然流畅，寓意巧妙，是非分明，堪为佳作。）

骑奇马，张长弓，琴瑟琵琶八大王，并肩居头上，单戈独戰；

倭委人，袭龙衣，魑魅魍魉四小鬼，屈膝跪身旁，合手并拿。

（相传，甲午战争前夕，清廷一大臣出使日本，谈判中日方不仅炫耀武力，还想在文化上羞辱中国，说他们出了个上联，对不出下联，只好求助于汉字发源地的人了。中国大臣当即对以下联。众记者拍手称妙。）

果断有力真男子

仗势欺人伪丈夫

岘上凿山，取石作砚

地中挖土，积水成池

吕先生品箫，须添一口
谢状元射策，何吝片言

门口问信，人言说信多
八刀分肉，内人嫌肉少

欠食饮泉，白水何能度日
才门闭卡，上下无处逃生

麻石磨墨，黑土怎可果腹
佳木集鳳，凡鸟岂能高飞

上下同卡，何愁歪风不正
日月皆明，不怕弯道亦弓

好女子，己酉生，问门口何人可配
倪人兒，亥子年，嫁家女孕子乃孩

（四）析字联

李伯阳生，指李木为姓，生而知之
马文渊死，以马革裹屍，死而后已

（宋代诗人杨大年翰林院门前对绝句。“李伯阳”即道教创始人李聃，字伯阳，人称老子。“马文渊”即东汉名将马援。此联声言李聃一出生便知姓李，神也！马援战死沙场，以马革裹尸而还，雄哉！“姓、屍”二字中含前后生、死二字。工整严谨，珠联璧合！）

贾席珍失去珍珠宝贝，方为西席
陈家颜割掉耳朵颜面，才是东家

（明代堂师贾席珍对东家陈家颜。古代，家庭教师称为

“堂师”“西席”，雇主称为“东家”。“贾席珍”三字中去掉“珍、贝”，即剩“西席”二字；“陈家颜”三字中去掉“颜、耳旁”，即剩“东家”二字。巧妙自然。堪为佳作。）

大丈夫半截人身

朱先生三个牛头

（明代才子祝枝山对朱先生。生动形象！）

冰冷酒，一点、两点、三点

丁香花，百头、千头、万头

（古代冰字为水上一点，清代歌姬倪氏对朝臣张玉书。古代冰字为“水”字多一点。上句指“冰冷酒”三字之偏旁为一点水、两点水、三点水；下句指“丁香花”三字之字头为“百”字头、“千”字头、“萬”字头。生动形象，贴切自然，堪为绝世佳作。）

近视千山五百出

远望九州十八川

（清代翰林学士王尔烈对元空方丈。一千个“山”字合为五百个“出”字；九个“州”字可看作十八个“川”字，因为“州”字中间的三点也可视为“川”字。）

阮元何故无双耳

伊尹从来只一人

（清代云贵总督、体仁阁大学士阮元对乾隆皇帝。虽为寻趣逗笑，倒也贴切自然！）

本非正人，装作雷公模样，却少三分面目

惯开私卯，会打银子主意，绝无一点良心

（清代四川百姓讽骂县官柳儒卿。此联立意精巧异常。上句既讽其人品不正，又暗寓为立人旁；既讽其装作雷公凶相，欺压百姓，又暗寓似雷非雷，“面”字去三横为“而”字，加雨，加立人旁为“儒”。下句既骂其善于暗中捣鬼，贪赃受贿，又暗寓“卯”字分开，中藏“艮”字即“卿”字。“艮”字上有一点为“良”，他却只贪银子，绝无一点良心。上下暗嵌“儒卿”其名，真乃匠心独具，巧夺天工。寓讽寓骂，切情切理！此无名氏乃真名士也。）

十口为田，四方口，申出上由下甲

二人成天，一人大，未来益夫添丁

（清代封疆大吏梁章钜对客人。上句一目了然，十口为“田”字，田字四个口，上出为“由”，下出为“甲”，上下皆出为“申”。下句初看觉得莫名其妙，其实，如果把“天”字、“大”字变为“未”字，则多个“夫”字、“丁”字。）

一目不明，开口便成两片

廿头割断，此身应受八刀

——梁上君子

（清代汉阳百姓讽骂太守梁鼎芬联。“梁上君子”典出《后汉书·陈寔传》，意为藏在屋梁上的盗贼。此联巧寓“梁鼎芬”其名，骂其为瞎眼强盗，应砍其头，劈其身，八刀分尸，方解民恨，可见民怨之深矣。）

乌不如鸟，胸中只少一点墨

军无斗志，都因偏了半边心

（清代尚书乌达峰不学无术，翰林恽代远徇私枉法，二人主考浙江乡试时，考生撰此联讽之。）

上钩为老，下钩为考，老考童生，童生考到老

二人成天，一人成大，天大人情，人情大如天

（清代老童生应试对考官。寓讽寓恨，巧妙自然。）

乔车二幕友，各乘半轿去

盧马两书生，共牵一驢来

（清代太原知府赵孙英出句，久无人对。后一书生对之。“幕友”即在一起工作的同事。“乔、车”合为“轿”字，“盧、马”合为“驢”字。工整贴切，趣乐横生。）

门内有才何闭户

寺旁无日不逢時

（清代胡秀才屡试不第，无奈设塾教书。学生赵林出句问老师：胸中有才有智，为何不应试求官？胡以朝中无人，生不逢时答之。世态炎凉，埋没人才，令人扼腕兴叹。）

日上山，月上山，山上日月明

青海湖，水海湖，湖海青水清

（青海省青海湖日月山联。此联看似平平，其实却巧妙异常，不仅用复字、合字、顶针、倒顺等多种构词手法，同时还巧嵌“青海湖”“日月山”两地名。堪为佳作。）

洪洞县共同三滴水

慈悲主兹非两条心

（相传，清代一才子应试途经山西洪洞县时对“洪洞”二字偶发诗兴，吟成上句后百思无对，自卑才疏学浅，在墙上题诗“十年寒窗苦用功，谁知一对对不成，才竭思尽心留恨，何颜金榜争功名”后自缢身亡。后来又一才子途经此地，看到“慈悲”匾额对出下句，亦题诗曰：“君出对句在即景，即景何不觅现成，眼前就有成联在，慈悲正好对洪洞。”此联立意巧妙，对仗工稳，生动形象，堪为绝世佳作。）

辈輦同车，夫夫竟作非非想

菅管为官，个个多存草草心

（清代学者何秋輦被洋翰林将“輦”读作“辈”，故题此联讽之。下句更以“菅管”二字立意，讥讽世上为官者个个多为浮华不实之徒。警世骇俗！警钟长鸣！）

枣棘为薪，截断劈开成四束

阊门造屋，移多补少得两间

（清代苏州才子陆粲对客人。立意虽巧，四束难成！）

吕氏姑娘，下口大于上口

徐家子弟，歪人多过正人

（清代吕女徐男新婚之夜，徐族中浪子出句调笑，寓意淫邪。吕女反唇相讥，以“徐”字中一人正、两人歪立意，讽其族中歪人多于正人。）

累累结就梧桐子

单单只待凤凰求

（古代公主吾同悬句征婚，皮匠鸟皇对句中选，以鳳凰之心对梧桐之子，对矣！）

嫁得潘家郎，有水、有田、有米

娶来何门女，添人、添口、添丁

（古代潘、何两家婚俗轿联。“潘”字中有水、有田、有米，“何”字中有人、有口、有丁。立意奇巧，幽默风趣，男欢女乐，皆大欢喜。）

陇西十八子

琅玡玉无瑕

（古代安徽霍山李、王两家婚俗轿联。十八子合为“李”字，玉字无一点为“王”字。）

今月即古月，美景良辰多适意

新人真可人，妙龄佳偶竞婵娟

（古代胡适意、何婵娟结婚时婚俗轿联。此联巧嵌二人姓名，自然贴切。妙！）

二人天合

一了子平

（古代婚俗轿联。男家出句“二人”合为“天”字，寓意为天作之合。女家对句“一了”合为“子”字。“子平”典出《后汉书》：“向子平，朝歌人，淡泊名利，不随世俗，子女婚事毕，即嘱家人曰：当如我死也”便离家出游。后人即以子女完婚称作“子平之愿”。）

鉏麑触槐，死作木边之鬼

豫让吞炭，终为山下之灰

（古代苏姜埝木炭行联。明暗两嵌“槐炭”二字，意为耐烧。“鉏麑”为春秋战国时晋国人，被灵公派去刺杀赵盾，见赵盛服将朝，于心有愧，便触槐而死。“豫让”也是晋国人，欲为智伯报仇，漆身为癞，吞炭为哑，刺杀赵襄子未成，伏剑而亡。）

陈邦光两只狗耳

朱先生三个牛头

（古代才子陈邦光、朱先生逗笑联。倒也工整贴切，生动形象。）

刁大使使刀，劈上劈下

库主管管库，点有点无

（古代状元林环八岁对太守。）

夫子天尊大士，头上有别

宫妃宦者官人，腰间不同

（古代文人唱和联。夫、天、大三字下同上异；宫、宦、官三字上同下异。）

六木森森，桃李杏梅松柏

四山出出，泰华嵩岳崑崙

（古代文人唱和联。此联构词巧妙，妙在出句不仅六“木”合为两个“森”字，而且后六字中各含一个“木”字；对句不仅四“山”合为两个“出”字，而且，后六字中只有四个字中含

“山”。工整贴切，堪为佳作！）

本是小區區（区区），倘若没品为非，自成匪类

居然大长长，可恨此人不正，尽是歪门

（中华人民共和国成立前苏北兴化百姓讽骂为非作歹伪区长联。）

里中田上土何下

岩畔石低山自高

（古代许思温对客人。）

谢先生要钱，抽身便讨

吴学士饮酒，下口就吞

（古代讥讽谢金圃、吴玉伦二主考，幽默风趣！“谢”抽“身”为“讨”，“吴”下“口”即“吞”。）

李宋二先生，木头木脚

龚庞两小姐，龙首龙身

（古代黄文昌撰。生动形象，趣乐横生！）

大雨沉沉，二沉伸头不出

狂风阵阵，两阵摇尾难开

（古代沈、陈二人逗笑联。）

头像六畜，身像夜叉，像此等无义怪物，老子定要拦腰一杠

右似杉立，左似木偶，似这种不肖弃材，樵夫何妨劈身三刀

（古代讽骂监学官王文彬联。立意奇巧，生动形象！“义”字中加一横即为“文”字。）

婚姻二字皆从女（出句）

伉俪一家总靠人（何玉萍对）

恋情两意须同心（龚维玲对）

（1986年广西柳州中秋节征联选。）

好读书，不好读书

好读书，不好读书

［明代文学家徐文长自勉联。“好”字两韵两义，意为：趁年轻眼睛好（hǎo）使，应好好读书，不要不好（hào）读书；若到年老眼睛不好使时，虽然喜好（hào）读书，书也不好读了。劝世语重心长，后人良辰莫误。］

何所长，何所长，有何所长当所长
常听差，常听差，因常听差丢听差

［1995年美国《新时世周报》征联选，王依蒙对。出句前三字为所长（zhǎng）姓何，次三字为问其有何所长（cháng）。对句“差”字，前一个读“chāi”，“听差”即古代随员，听从差遣之人；后一个读“chà”，为听错了。巧借音义之别，倒也幽默风趣。］

测字得翠，刘备哭，刘邦笑
抽签出逊，庞涓郁，庞统欢

（网络联。“翠”拆“羽、卒”。“卒”意为死，“羽”寓指关羽、项羽。关羽死，刘备自然要哭；项羽死，刘邦自然要笑。“逊”拆“孙、走”。“孙”寓指孙膑、孙权。孙膑走，庞涓不高兴；孙权离去，庞统自然欢心。）

朱笔写朋字月月红
浓墨画竹叶个个黑

尤郎中直脚便为犬
史先生脱口不是人

旦木为日本，移多补少
夕可变多哥，加倍翻番

钱有二戈，伤坏不少人品

穷只一穴，埋没许多英雄

拙女出才，已是嫁于家外
觅人不见，岂知闪入门中

贫而不贪，贵从点滴做起
未曾逐末，休以长短论之

变化无穷，亦可上，又可下
造反有理，走到西，告到东

王大夫筑墙，一土隐三人之体
潘先生洗澡，番水出两牛之头

弓长张，张弓张弓手，张弓射箭，箭箭皆中
木子李，李木李木匠，李木造盾，盾盾难穿

（五）析字谜联

半边林靠半坡地
一头牛挂一卷文

但凭流水浇红杏
借助火光烧彩云

（唐代池州刺史杜牧到一酒店饮酒时同女店主尧杏云互问姓名唱和联。寓“杜牧”“尧杏云”。巧妙自然！）

日落香残，去了凡心一点
火烬炉寒，来把意马牢拴

（北宋大诗人苏东坡到一寺院游览时闻知住持长老淫邪，僧求其题字时苏题此联。不仅寓骂其为“秃驴”，并且劝其“去凡心”“拴意马”，恨劝兼容！）

阿兄门外邀双月

小妹窗前捉半風

（苏东坡对苏小妹。双月寓“朋”，半風寓“虱”。过去我一直以为“人穷双月少，衣破半風多”，不料富室千金苏小妹也生虱子！真乃虱子咬人不分贫富啊。）

烟锁池塘柳

冀粟陈献忠

（明代才子张夷令对绝句。出句以五字之半寓“金、木、水、火、土”五行；对句以五字之半寓“东、西、南、北、中”五方。电视剧《铁齿铜牙纪晓岚》中乾隆皇帝同纪晓岚唱和的“烟锁池塘柳，炮镇海城楼”以五行对五行，倒不如此联以五方对五行更为工整贴切。）

皇兴大粮行

慈夙楚城扬

——四首皆空

（相传，明代“皇兴粮行”欺行霸市，粮行掌柜为张扬名气，求文学家吴承恩题联，吴题此联寓骂其“王八心歹”。真乃咒恶讽霸，入木三分。）

黑不是，白不是，红黄更不是；和狐猴猫狗相似，既非家畜，也非野兽；

诗也有，词也有，论语上也有；对东西南北模糊，虽是短品，却是妙文。

（清代大学士纪晓岚元宵题谜联。寓“猜、谜”二字。）

能者多劳，跑断四条老驴腿

下流无耻，露出一点乌龟头

（清代浙江知府卞午桥同熊总兵不和，互相讽骂联。“能”字下加四点为“熊”，“下”字上加一点为“卞”。寓“熊、卞”二字。）

鳯来禾下鸟飞去

马到芦边草不生

（清代书画家郑板桥金山寺题联，寓骂淫邪和尚为“秃驴”。）

虫二

年华

（海南大亚湾海滨石刻联。上句原为山东泰山石刻句，寓“风月无边”；下句寓“年华有限”。此联立意奇巧，蕴意深远，堪为绝世佳作。）

钱塘江桥，五行缺火

李清照墓，千古抗金

（2001年第二届“对联王”网络大赛联。上下联均各寓“金、木、水、火、土”五行。妙！）

话不老

镜中人

（寓“请、入”二字。）

如苗得雨

似花欲开

（寓“蕾”字。）

浅草遮牛角

疏篱露马蹄

（寓“无”字。）

灵隐寺失火

帅老爷丢巾

（寓“归”字。）

漂母施一饭

韩侯赐千金

（寓“馈”字。）

虽有十张口
却只一条心

（寓“思”字。）

房顶生竹叶
门内尽日光

（寓“简”字。）

加水即成佳酿
无家便是寡人

（寓“酉、傢”二字。）

用人多开支太大
着力少质量定差

（寓“侈、劣”二字。）

一桅白帆挂两片
三颗寒星映孤舟

（寓“患”字。）

二汉心高敢跨日
三人力大可骑天

（寓“替、奏”二字。）

远树两株山侧立
轻舟一叶水横流

（寓“慧”字。）

明月半依云脚下
残花双落马蹄前

（寓“熊”字。）

四足横行，试问有何能耐
侧耳偏听，是个什么东西

（寓“熊、陈”二字。）

八面威风，弯进去私心一点

尸模鬼样，钩入内有口难言

（寓“公、局”二字。）

一点两点十二点，点点成星座

七人十人七十人，人人在龙乡

（寓“斗、华”二字。）

（六）象形联

“象形联”，是指那些字形相似、或偏旁相同的联语。例如：

宠宰宿寒家，穷窗寂寞

客官寓宦宫，富室宽容

（明代宰相叶向高夜宿福州状元翁正春家时唱和联。）

琴瑟琵琶，八大王一般头面

魑魅魍魉，四小鬼各自肚肠

（明代翰林学士唐皋对朝鲜国王。语寓讽斗。）

伊尹

阮元

（清代道光皇帝命进士阮元用自己名字对对儿。）

泽潞汾蒲，独平无水

泰华衡恒，惟嵩有山

［清代山西举子对主考。出句指山西泽州（晋城）、潞安（长治）、汾阳、蒲州（永济）、平阳（临汾）五府名中唯平阳没有水字边旁。对句言泰、华、衡、恒、嵩五岳中唯嵩字有山字头。立意奇巧，妙对天成。］

客寓富室，寥守寒窗空寂寞

渔游滨海，漫沽浊酒渡沉沦

（清代《鹦鹉传书》故事中玉秀对文斌。）

寂寞寒窗空守寡

退避迷途返逍遥

宽容富室实安宁

（清代一尼姑思凡欲嫁，出上句；和尚对中句劝尼姑收凡心仍为尼；书生对下句夸富，欲娶尼姑为妻。）

寄寓客宅，牢守寒窗空寂寞

迷途远避，退返达道游逍遥

（古代青楼才女诚劝风流秀才迷途速返，善哉！）

迎送远近通达道

进退迟速游逍遥

（古代山东游人对湖南车马店老板。）

荷葉茎藕莲蓬茂

芙蓉芍药花芬芳

（古代养花种藕农户联。观荷赏花，自得其乐。）

河汉汪洋，江湖滔滔波浪涌

雲霄雷電，霹雳震震霈雨霖

（湖北利州天成观龙王殿联。）

乔女自然娇，厌恶胭脂胶睄脸

止戈才是武，何须铜铁铸镖锋

（1943年粤剧艺术家薛觉先为《乔小姐三气周瑜》征联选。此为合字象形联。上联乔、女合“娇”，厌恶搽脂抹粉；下联止、戈合“武”，祈盼息兵止乱，还民以和平。）

植桑栽杏树林木（邓丁对）

信贷储金便众人（出句）

（1984年西安爱国储蓄征联选。）

已是己巳年，龙飞凤舞（出句）

咸非戊戌日，地覆天翻（陈玉白对）

由来甲申事，史载镜悬（李伯臧对）

（1989年《人民日报》迎春征联选。）

铜铁铸镰锤，开天辟地（出句）

峰峦崇岱岳，戴德归心（何卓如对）

浪潮源湖浙，倒海翻江（罗崇辉对）

经纶维纲纪，定国安邦（张建华对）

江河流泾渭，激浊扬清（张定才对）

栋梁树榜样，定国安邦（李万兴对）

（1991年全国楹联学会纪念中共建党七十周年征联选。）

漂泊沉浮洪汹涌（胡田对）

迂迴进退道逍遥（出句）

（1995年江西纪念红军长征60周年征联选。）

万木争荣，李白桃红杨柳绿

京禾吐秀，黍橙秫紫稻稷黄

（1999年首届“对联王”互联网大赛联。张引对。）

荷花荷葉莲蓬藕

雲靄雲霞雾露霜

（1999年首届“对联王”互联网擂台赛联。刘西安对。）

江河湖海浪淘沙，波涛汹涌（出句）

汀浦滨滩潮漫浒，洲渚沉浮（董军对）

晨暮晦晴春易景，时日恒昌（成澍栋对）

桃李桑榆村植树，林木荣森（查思涛对）

（2002年中央电视台贺春第五集征联选。）

通贯江淮河海清流北上（出句）

遥看松柏桦杉栋梁高标（王大珩对）

品味茉莉菡萏茶茗香来（陈大元对）

穿行峻岭崇山巍峦南奔（郭日方对）

（2004年中科协、中央电视台、中楹学会联合举办的“春天的聚会”征联选。此为南水北调联。）

湖泊江河上海
金银铜铁无锡

三个土头考老者
五家王子弄琵琶

孔孟孜孜教学子
佛僧念念作仙人

湖泊澄清波漾漾
江河混浊浪滔滔

涓涓溪流汇江海（出句）
丝丝细纱织绫绸（刘晓亮对）
株株松柏树栋梁（樊延年对）

六木森森，杨柳梧桐松柏
三水淼淼，海洋湖泊江河

闺阁闷，闻间闹，開门闲问
官宦家，窈窕客，宜室安宁

三字同头官宦家，三字同旁绸缎纱，要穿绸缎纱，还得官宦家；
三字同头左右友，三字同旁清淡酒，都是左右友，请喝清淡酒。

（以上八联为网络联。倒也生动形象，趣乐横生！）

甲申吉幸春来早（出句）
中土昌兴业共荣（张树贤对）
文品崇高墨显香（王德孚对）

田亩金黄谷奉香（孙秀丽对）

赤县昌平业兆丰（李俊和对）

雨水丰宜土变金（吴庚山对）

中土昌平月共圆（唐银龙对）

赤县荣昌月共圆（黄会平对）

（2004年第三届中华世纪坛迎春征联选，概为左右对称字。）

二、构词篇

千百年来，历朝历代的巧趣联作者，为了争奇斗巧，不仅在立意构思上呕心沥血，同时在构词造句上标新立异，使联体的艺术形态呈现出五光十色、百态千姿。综观古今巧趣联的构词手法和联体的艺术形态，大致可分为：正反联、复字联、叠字联、顶针联、连环联、回文联、谐音联、双关联、数字联、嵌珠联、谜语联、白话联、拟人联、拟声联、加、减、改、断联等数十类。

（一）正反联

“正反联”，本来是指对联的两种艺术形态，上下句均从正面论述的称作“正联”；一联从正面讲，一联从反面言的称作“反联”。《文心雕龙.丽词》指出：“反对者，理殊趣合者也；正对者，事异意同者也。”正联正气凛然，反联对比强烈。后来，有人刻意在“正反”二字上大做文章，巧用正反词语组联，称为“正反联”。正反联幽默生动，趣乐横生。例如：

1．正联：

千年芳草绿　万里国旗红

有天皆丽日　无地不春风

福如东海长流水　寿比南山不老松

奔小康何惧惊涛骇浪　创大业敢闯火海刀山

2．反联：

宁静致远　急躁难长

以诚守信光荣　见利忘义可耻

良言一句三冬暖　恶语半声六月寒

旧社会家破人亡忍饥受冻　新时代国强民富足食丰衣

3．正反联：

新城几时旧

浮石何日沉

（宋代诗人苏东坡游新城时出句，游浮石时对。）

齿刚唇柔，刚者不如柔者久，柔能克刚

眉先须后，先生还是后生长，后可超先

（北宋文学家欧阳修得第之后对塾师。长江后浪推前浪，一代新人超旧人！）

假山真鹿走

死水活鱼游

（北宋才子唐伯虎对华太师。）

东寺和尚送西瓜，些小礼物

南极仙翁拜北斗，天大人情

（明代宰相张居正七岁对巡抚顾应麟。）

遇丧事，办婚礼，哭乎，笑乎，细思量，哭笑不得；

辞灵柩，入洞房，进耶，退耶，再斟酌，进退两难。

（明代翰林学士解缙幼年题婚丧联。难能可贵。）

大小子，上下街，走南到北买东西

少老头，坐躺椅，由冬至夏读春秋

（明代文学家金圣叹客店对老翁。“东西”既指货物，又寓方向；“春秋”既指《春秋》之书名，又寓季节。）

渺渺三魂，活佛竟成死鬼

迢迢万里，东来不见西归

（清代乾隆皇帝从西方请一活佛，不久便患天花病而亡，人题此联讽之。）

天下无易境，天下无难境

终身有乐处，终身有忧处

（清代两江总督曾国藩自勉联。识难易，知忧乐，无难无忧！）

婆媳中青双有髻

祖孙老幼两无牙

（清代状元王云锦幼年对祖父。工整贴切，童趣横溢。）

执短笔，写长文，居小官，坐大位，管南管北

拿直刀，砍弯竹，破细篾，编粗篓，装东装西

（清代神童洪大全八岁对县令。）

厚厚薄刀，切淡淡咸鱼，放下冷冷暖锅煲

小小老鹰，叨短短长虫，飞上高高矮瓜棚

（清代秀才夫妻对。倒也形象有趣。）

圆月照方窗，有规有矩

长竿垂短钓，能屈能伸

（清代广东才子黄策行十岁对塾师。）

借虚事指点实事

托古人提醒今人

（清代浙江杭州西湖水上戏台联。）

来一口，去一口，来去无损

哭三声，笑三声，哭笑皆非

（清代老秀才题婚丧联。）

处处通途，何去何从，求两餐，分清邪正

头头是道，谁宾谁主，吃一碗，各自东西

（广州“三眼桥茶亭”联。）

大学生开小店，无锡有路（常江出句）

短笔杆写长篇，武汉文人（杨国才对）

（2004年中央电视台十套《交流》栏目“老板今年才大三”征联选。巧嵌“无锡、武汉”二地名。）

淡妆浓抹　高唱低吟

酒能成事，也能败事　水可载舟，亦可覆舟

小老鼠偷吃热凉粉　短长虫缠绕矮高粱

炭去盐归黑白分明山水货　竹横麻竖青黄交错软硬帘

大小姐提圆扁桶装黑白菜　高矮子拿长短棍赶青黄牛

北雁南飞双翅东西分上下　前车后辙两轮左右走高低

短棉条，纺长线，织大布，做小衣，可遮男女老少上下前后

弯南竹，破直篾，挽扁箍，编圆篓，能装稀稠软硬好坏东西

（二）复字联

“复字联”，是指那些含有重复字、词的联语。复字是人们最常用的一种构词手法。通过字、词的重复，可使联语的主题思想突出鲜明，印象深刻。例如：

春雨春风春色

新年新岁新景

（东晋书法家王羲之题春联。）

未老思阁老

无才做秀才

（北宋宰相吕蒙正幼年对句讽工部侍郎之子倪兴官。）

一介寒儒，妄想攀龙攀凤攀丹桂

三尊宝佛，岸然坐狮坐象坐莲花

（吕蒙正幼年对倪兴官。倪狂妄无知，仗势欺人；吕傲骨铮铮，豪情冲天。）

坐，请坐，请上坐

茶，敬茶，敬香茶

（北宋诗人苏东坡去一道观游览，观主见客至，便说："坐"，并呼道童："茶"；后观此人文雅不俗，又说："请坐"，"敬茶"；当得知此人是大诗人苏轼时，忙说："请上坐"，"敬香茶"。临走时，观主请苏题字留念，苏即题此联。虽为观主原话，却讥讽强烈，入木三分。）

水底月为天上月

眼中人是面前人

（宋代翰林杨大年对宰相冠准。）

佳山，佳水，佳风，佳月，千秋佳地

痴声，痴色，痴梦，痴情，几辈痴人

（明太祖朱元璋题金陵秦淮河联。）

朝霞似锦，晚霞似锦，东川锦，西川锦

新月如弓，残月如弓，上弦弓，下弦弓

（明代状元施槃幼年对张都宪。彩霞满天，弓月高挂，美景醉人。）

窗外月明窗内白

水边花发水中红

（明代翰林王汝玉七岁对其父。）

生意如春意

财源似水源

（明代才子唐寅题商店联。）

竹影徐摇，心影误疑云影过

杨花乱落，眼花错认雪花飞

（明代文学家杨慎九岁对塾师。出句三个影字，立意奇巧；对句三个花字，壮景逼真！）

蔺相如，司马相如，名相如，实不相如

魏无忌，长孙无忌，尔无忌，吾亦无忌

（明代文学家李梦阳幼年对江西提学副使李梦阳。大李巡学中见一学童与自己同名同姓，便出句试才。小李对句工整严谨，自然贴切，令其拍案叫绝！“蔺相如”为战国时赵国大夫。“司马相如”为汉代文学家，“魏无忌”为战国时魏陵君公子。“长孙无忌”为唐代大臣。“相如”二字既为人名，又寓相同、一样之意；“无忌”二字既为人名，又寓无须忌避之意。）

梁上鳌鱼，难炒难煎难供客

门中将军，不饮不食不求人

（明代状元伦文叙应试前在陈家祠内对广西举子梅开先。出句奇巧刁钻；对句不卑不亢。相对一笑，成为知交。）

莫失莫忘，仙寿恒昌

不离不弃，芳龄永继

（清代曹雪芹著《红楼梦》中贾宝玉玉上句、薛宝钗锁上句。）

上盘山，走盘路，盘桓数日

游热河，饮热酒，热闹几天

（清代东阁大学士刘墉承德行宫对乾隆皇帝。巧！）

惜衣惜食，非为惜财缘惜福

求名求利，但须求己莫求人

（清代翰林学士刘凤浩题江西萍乡易氏宗祠联。哲理深蕴！为人处世，应当自惜、自立。）

兄玄德，弟翼德，德兄德弟

友子龙，师卧龙，龙友龙师

（清代汪继之题安徽祁门关帝庙联。）

生蒲州，事豫州，守徐州，战荆州，万古神州有赫

兄玄德，弟翼德，释孟德，擒庞德，千秋志德无双

（古代关帝庙联，连嵌“五德”“五州”，意寓关云长德冠五州。）

四水江第一，四时夏第二，先生来江夏，谁是第一，谁是第二

三教儒在先，三才人在后，小子本儒人，不敢在先，不敢在后

（清代御史梁启超对两江总督张之洞。“四水”为江、河、湖、海；“四时”为春、夏、秋、冬。出句试探刁钻，居心不善。“三教”为儒、释、道；“三才”为天、地、人。对句不卑不亢，计高一筹。妙！）

朝鸠唤晴，暮鸠唤雨，鸠司晴雨

飞龙在天，潜龙在渊，龙隔天渊

（清代神童洪英幼年对塾师。）

三十年前，县考无名，府考无名，道考无名，人眼不见天眼见

八十日里，乡试第一，京试第一，殿试第一，蓝袍脱下紫袍归

（清代江西大庚书生戴衢亨年少机敏，才智超群，但由于家贫，无贿，屡试不第，一直考到三十岁，连个秀才都没中选。众生愤而捐款，替其买个秀才，八十日里连中三元。贪贿县令闻之挂印而逃。戴状元在家乡状元桥头祠堂门前题挂此联，警贪警腐，励志励学。）

顾司空，顾人情，不顾脸面

戴学士，戴关系，不戴眼睛

[清雍正十三年（1735年）顺天府乡试时，主考工部侍郎顾祖镇、翰林学士戴瀚二人贪贿赂，重关系，把无才无德徐秉智录为第一解元，激起公愤，考生题此联讽之。]

细妹何细哉！眉细、腰细、凌波细，且喜心思更细

高郎诚高矣！品高、志高、学问高，但愿寿数犹高

（清代文学家蒲松龄著《聊斋志异》中“细柳娘新婚之夜对高郎”。六细、六高，把新娘之貌、新郎之才描绘得淋漓尽致。高！）

曲是曲也！曲尽人情，愈曲愈妙

戏其戏乎！戏推物理，越戏越真

（清代戏剧理论家顾鼎臣题戏台联。“曲”，既指曲调，也指曲折离奇之故事；“戏”，既指戏曲，又指戏说之游戏。既是顾之感悟，也是后人编剧之准则。）

表弟非表兄表子

丈人是丈母丈夫

（清代诗人戴淑伦幼年对塾师。）

桃叶渡口，送桃叶女，赠桃叶曲

木兰树下，赏木兰花，诵木兰辞

（清代文人唱和联。出句典出晋代书法家王献之在南京青溪渡口送爱妾桃叶女时口吟桃叶曲的爱情故事。《木兰辞》为代父从军的巾帼英雄花木兰的颂歌。）

虎岩无虎，呼虎成名赵公元帅

塔山有塔，托塔为神李靖天王

（清代翰林蒋士铨幼年对塾师。“赵公元帅”即民间传说的财神爷赵公明。“李靖天王”即神话传说的托塔天王李靖。）

望江楼，望江流，望江楼上望江流，江楼千古，江流千古

印月井，印月影，印月井中印月影，月井万年，月影万年

[清代才子李吉玉对四川成都崇丽阁（又名望江楼）绝句联。工稳贴切，巧妙自然！]

欺人如欺天，勿自欺也

负民即负国，何忍负之

（清代刑部尚书魏象枢自勉联。为民为国，正人君子，堪钦堪敬！）

善报恶报，循环果报，早报晚报，为何不报

名场利场，无非戏场，上场下场，都在当场

（梅宝璐题天津城隍庙戏台联。为善者乐，为恶者忧。名利二字，只要能提得起、放得下、看得破、撇得开，则趣乐无穷！）

翘首仰仙踪，白也仙，林也仙，苏也仙，我今买醉湖山里，非仙也仙；

及时行乐地，春亦乐，夏亦乐，秋亦乐，冬来寻诗风雪中，不乐亦乐。

（浙江杭州西湖“仙乐处酒家”联。“白”即白居易，“林”即林逋，“苏”即苏轼。）

说什么天主教，妄称天父天兄，绝天理，灭天伦，把青天世界闹得天昏，有一日天讨天诛，天才有眼；

看这些地方官，都是地匪地痞，掘地坪，挖地坑，将大地山河弄成地狱，抽万种地丁地税，地也无皮。

（清代百姓反洋教、反暴政联。宗教信仰自由，对天主教何须如此仇视？如系邪教害人、贪官刮民，恨之当然！）

天下药治天下病，无病不能治

世上人除世上灾，有灾便可除

桃仁、杏仁、柏子仁，仁心济世

天仙、凤仙、威灵仙，仙方救人

福星济世，福人福市

乐业生春，乐善乐施

（清代“福乐药店”联。）

洋衣洋帽洋袜子，头发亦有洋气

卖国卖民卖祖宗，江山也快卖光

（清末湖南衡阳学生领袖夏明翰讽骂训育主任崇洋媚外联。）

内无相，外无将，不得已玉帛相将，将来怎样？

天难度，地难量，这才是帝王度量，量也无妨。

（甲午战争失败后，慈禧派李鸿章同日本侵略者签订割让台湾的条约，激起民愤。有人便拟日、李口气，以同字异韵异义之手法撰此联，对其卖国罪行予以揭露和嘲讽。）

混之为用大矣哉，大吃大喝，大摇大摆，大到院长；

球的本能滚而已，滚来滚去，滚入滚出，滚进棺材。

（清末大军阀谭延闿任国民政府行政院长，为人机巧奸猾，有“水晶球”“混世将军”之称。一次问其友贝元昕近况，贝言“在下混混而已。”谭曰：“好好好，鱼龙混杂是混，仙人戏水也是混，混之为用大矣哉。”谭死后，有人便题此联骂其为“混球”。以其人之道，讽其人之身，妙！）

禁烟总局，警察分局，设此两大骗局，叫小民如何了局？

督办贡生，法佐监生，有这两个畜生，让大家怎得安生！

（清末民主革命者郭亮讽世联。）

笑古笑今，笑东笑西，笑南笑北，笑来笑去，笑自己原来无知无识

观事观物，观天观地，观日观月，观上观下，观他人总是有

高有低

（四川乐山凌云寺联。耻笑别人，只因自己无知无识；静观世事，方觉天地有高有低！）

求自在，不自在，知自在，自然自在

想如来，非如来，悟如来，如是如来

（广州观音山联。知足常乐，悟彻自晓！）

警霸、税霸、恶霸，手中有权便称霸

吃公、喝公、损公，眼前无利就不公

（“民国”初年百姓讽恶霸。）

议花边，议银元，议得我八十万人民怨天怨地

会吃人，会卖国，会叫你一小群丑类绝子绝孙

（1922年8月，湖南祁阳县张公讽议会。）

愁衣，愁食，日日愁，月月愁，愁肠百结，安排愁情交旧岁

苦境，苦况，时时苦，刻刻苦，苦泪千行，忍尝苦果过新年

（20世纪30年代湖南长沙报社记者题春联。六愁六苦，愁苦之情甚矣！军阀混战，民不聊生，记者尚然愁肠百结，苦泪千行，百姓愁苦之情不言而喻！）

在新城，演新戏，团结新同志，迎接新胜利

除旧貌，破旧俗，打倒旧军阀，摧毁旧世界

（1928年陈毅将军率红四军和彭德怀起义军在新城会师联欢时题会场联。）

吃苦是良图，作苦事，用苦心，费苦劲，苦境终成乐境；

偷闲非善策，说闲话，好闲游，做闲事，闲人就是废人。

（李甲秾自勉联。苦则励志，闲则思邪。好闲怕苦则一事无成；勤学苦干则百路皆通。今虽和平盛世，艰苦奋斗之优良传统仍须发扬光大！）

阎锡山，过无锡，登锡山，锡山无锡

范长江，到天长，望长江，长江天长

（1929年上海《大公报》出句征联，无对。1942年，该报记者范长江到天长采访时对之。）

高明问高明，高明不高明？高明答高明，高明、高明。

田汉语田汉，田汉非田汉；田汉学田汉，田汉、田汉。

（1983年香港“古文字研讨会”上，北京高明遇到台湾高明。美国维斯康星大学教授周策纵以双关语出句。法国《欧洲时报》社黎翁以1929年陶行知邀田汉率“南国社剧团”到南京晓庄师范演出时，在欢迎会上田汉致答词说“我田汉来学田汉”之语对之。工整贴切，幽默风趣。田汉，高明！）

写鬼写妖，高人一等

刺贪刺虐，入木三分

（文学大师郭沫若题《聊斋》联。）

花长好，月长圆，人长寿，长安长乐（出句）

田永丰，水永利，路永通，永济永宁（王培哲对）

（1984年西安爱国储蓄征联选。巧嵌四地名，长安在陕西，长乐在福建，永济在山东，永宁在宁夏。）

城号锦官，里称锦里，水名锦江，锦上更添花，此日锦城真是锦；

府尊天库，池掘天池，地藏天宝，天工应开物，他年天府更胜天。

（1986年四川成都迎春征联选。李建新对。）

赤县中兴，赤子赤心跨赤兔（出句）

文坛蔚起，文人文气显文风（黄绍雄对）

新年伊始，新人新貌树新风（张建发对）

（1987年广东扬秋春节征联选。）

过即过，功即功，提倡严明态度（赵剑玉对）

假归假，真归真，摒弃唯心理论（黄家祥对）

楼外楼，山外山，树立创新意识（郑世雄对）

智见智，仁见仁，广开改革言路（王汾树对）

丁是丁，卯是卯，发扬求实精神（出句）

（1987年福建浦城迎春征联选。）

大龙潭，小龙潭，大小龙潭荟萃龙城盛景

东环路，西环路，东西环路建成环市通衢

（1988年广西龙城迎春征联选。陆勋、仲吉对。）

万家乐用《万家乐》，万家都乐（出句）

一代兴行《一代兴》，一代新兴（谢石林对）

一世雄夸《一世雄》，一世高雄

八面通行《八面通》，八面灵通

（1989年广东江门迎春征联选。“万家乐”为热水器，“都乐”为广东地名；“一代兴”为水稻良种名，“新兴”为广东地名；“一世雄”为名画“双虎图”，“高雄”为台湾城市名；“八面通”为黑龙江铁路东站名，“灵通”为福建地名。）

喜神州希望工程，点燃希望之火，希望在望

慰祖国未来花朵，拥抱未来之春，未来必来

（1993年江西高安“希望杯”征联选。李可夫对。“喜”“希”“慰”“未”为谐音字。）

北京台北，东南西北，中秋共赏团圆月

民族人民，党政军民，华夏终归一统天

（1994年广东化州中秋征联选。易佩锋对。）

南国、南天、南山、南岛，南天一柱立南海

北方、北斗、北地、北京，北斗七星拱北辰

（1995年安徽潜山“天柱杯”征联选。卢善求对。）

学生能，学生能理解（刘金涛对）

学生多，学生多可爱（林树伟对）

处世真，处世真不易（韩庆华对）

老师好，老师好难当（常江出句）

（2002年中央电视台《交流》栏目“老师好烦恼”征联选。）

克勤克俭　忧国忧民

猫踩猫头瓦　鸡啄鸡冠花

吉祥鸟鸣吉祥第　富贵花开富贵家

画龙画虎难画骨　知人知面不知心

奇迹不奇，知奇能创造　险峰何险，识险可登攀

春风春雨绽春花，春满大地　好山好水展好景，好遍神州

山美水美风光美，宏图更美　人新事新年代新，伟业长新

春山春水春意浓，春色醉我　新天新地新气象，新风宜人

佳节逢春，春花春色春似海　新年纳福，福天福地福如山

好时代，好风尚，处处有好人好事

新潮流，新思维，天天谱新曲新歌

佳期值佳节，喜看佳儿佳女成佳偶

春庭开春宴，好教春人春日醉春风

（三）叠字联

“叠字联”，是指那些使用叠字手法创作的联语。叠字是人们最常用的一种构词手法，通过字的重叠，可使语意厚重，形象生动。叠字联艺术形态多种多样，既有一字双叠、多叠、全叠

的，也有两字双叠、多字双叠、字字双叠的。例如：

1．一字双叠联：

月无贫富家家有

燕不炎凉年年来

（宋代理学家吴必太撰。月不嫌贫爱富，燕不趋炎附势，哲理深蕴，耐人品味！）

出对易，对对难，请先生先对

入关迟，关关早，阻过客过关

（清代秀才难主考，主考入关受阻时方对出。）

涓涓细流，岂能作浪

星星火炬，可以燎原

（毛泽东瑞金对塾师。细流虽难作浪，星火却能燎原！）

为名乎，为利乎，休休且去

爱国者，爱家者，缓缓而行

（浙江奉化“休休亭”联。名利荣辱，虽应看破，家国天下，自当尽心！）

名乎，利乎，道路奔波休碌碌

来者，往者，溪山清静且停停

（浙江兰溪“且停亭”联。）

步步登高，于斯且往

遥遥直上，别有可观

（贵州织金县“且往亭”联。有志登高莫停步，无限风光在险峰！）

进来摸摸心头，不妨悔过迁善

出去行行好事，何用点烛烧香

（贵州关岭城隍庙联。只要立善心、行善事，不用烧香拜佛，即可康乐平安！）

2．一字多叠联：

风声雨声读书声声声入耳

家事国事天下事事事关心

（明代吏部郎中顾宪成题江西无锡“东林书院”联。此联乃千古名联！读书须经风雨，家国定要关心！）

天上月圆，人间月半，月月月圆逢月半

今夕年尾，明朝年头，年年年尾接年头

（明代文学家金圣叹中秋出句除夕对。此联工稳贴切，巧妙自然，堪为绝世佳作！）

一杯清茶可解解解元之渴

（明代宰相解缙早年乡试高中解元（第一举人），赴京会试途中被一卖茶女出此句难住，千年无对。此句难在三个“解”字三音三义：一读“jiě”，解渴之“解”；二读“xiè”，姓氏之“解”（谢）；三读“jiè”，解元之“解”（介）。此绝句不知要等到何年何月何人才能工整贴切地对出来？）

垂帘二十年年年割地

尊号十六字字字欺天

（清代慈禧太后垂帘听政二十年，腐朽无能，屡遭日本、英国、荷兰等外寇入侵，割地赔款，卖国求和，她却自号为大清国的“慈禧瑞佑康颐昭豫庄诚寿恭钦献崇熙”圣母皇太后，被世人题此联讽骂之。）

振作哪有闲时，少时壮时老年时，时时须努力

成名原非易事，国事家事天下事，事事要关心

（福建永定洪川振城楼联。为家为国为民，定要奋斗终生。）

月月月明，秋月月明明分外

山山山秀，巫山山秀秀非常

（巫山景区联。以中秋之月状巫山之美，引人入胜！）

九州万马越千山，山山壮丽（徐东航对）

一年三更分两岁，岁岁平安（出句）

（2002年中央电视台贺春第一集征联选。）

红尘吾看破，破鞋、破衣、破帽，以破就破，破破破；

黔首尔当修，修身、修性、修心，要修早修，修修修。

（江苏高淳县东坝公园“斜阳共话亭”联，傅廷佐题。穷父教子，语重心长！修身养性，发家利民！不修即破，后辈戒之。）

亏亏亏，亏我一人圆千户

苦苦苦，苦咱几个甜万家

（云南边防阵地联。保家卫国，军人天职；吃亏受苦，大义凛然！）

上司开口才半句，立刻是是是是，对对对对；

下级陈词达千言，始终嗯嗯嗯嗯，噢噢噢噢。

（媚上傲下，丑态如画。）

行行行，行行且止

坐坐坐，坐坐何妨

（浙江奉化“休休亭”联。自然流畅，奇巧有趣！）

量体裁衣，剪剪剪，剪掉挥霍浪费坏思想；

物尽其用，缝缝缝，缝出艰苦奋斗好作风。

（缝纫店联。一粥一饭当思来之不易，半丝半缕恒念物力维艰。提倡艰苦奋斗，反对铺张浪费，这是我中华民族千百年来的优良传统。当代欣逢改革开放的和平盛世，虽然国强民富，丰衣足食，也应戒奢戒腐，自勉自律。）

佛脚清泉飘飘飘飘飘下两条玉带；

源头活水冒冒冒冒冒出一串珍珠。

（山东济南趵突泉联。生动形象，妙！）

海水朝朝朝朝朝朝朝落

浮云长长长长长长长消

（河北山海关望夫崖孟姜女庙联。此联为同字异音异义联。“朝”字既读“cháo”潮汐之“潮”，又读“zhāo”朝暮之“朝”；“长”字既读“cháng”长短之“长”，又读“zhǎng”生长之“长”。）

春到千山山山绿　喜临万家家家红

四化蓝图图图美　九州春色色色新

勤俭持家家家乐　艰苦创业业业兴

党心民心心心相印　国事家事事事关心

校风班风学风风风要正　国格人格品格格格莫歪

学一门钻一门门门有学问　干一行爱一行行行出状元

以公仆之情待人人人满意　按经济规律办事事事顺心

艰苦奋斗传万家家家致富　励精图治兴百业业业更新

汇演郑州，笑笑夺头奖，笑笑笑了

转学天津，远远择名校，远远远矣

3．一字全叠联：

行行行行行行行

盛盛盛盛盛盛盛

［明太祖朱元璋见一戏院贴此联，不解其意，询问得知：“行”读“xíng”（行）“háng”（杭）二音；“盛”读“shèng”（盛）“chéng”（成）二音。快读即为锣、镲声。此

联既是同字异音异义联，也是“拟声联”。]

长长长长长长长

长长长长长长长

——长长长长

[相传，明代一县令酷爱对联，一年春节搞对联比赛，卖豆芽人撰此联高中榜首。此联为同字异音异义联，“长”字可读“cháng”（长）“zhǎng”（掌）二音。]

4．两字双叠联：

是是非非地

明明白白天

（江苏连云港云台山天启庙联。人间是非，天自明白！为人不做亏心事，半夜敲门心不惊。）

认认真真演戏

清清白白做人

（古代剧团联。堂堂正正，德艺双馨。）

望望世态摇摇手

看看人心点点头

（四川什邡土地庙联。世态虽有炎凉，人心并未泯灭。）

庸庸碌碌曹丞相

哭哭啼啼董太师

（清代嘉庆皇帝巡行热河时，天理教林青等人造反入宫，宰相曹振镛、太师董浩束手无策，惊恐啼泣，人题此联讽之。如此庸臣，何能保国？）

斜阳窥幽径，曲曲弯弯

明月照方窗，规规矩矩

（明代作家邱睿幼年对潘徽。）

小童子抱柱头，团团转转

老学究改文章，点点圈圈

（清代才子陈百明幼年对考官。虽为寻趣逗笑，倒也生动有趣。）

洞庭八百里，波涛涛，浪滚滚，宗师由何而来

巫山十二峰，云重重，雾霭霭，本院从天而降

（清代翰林学士周渔璜主考浙江对举子。）

梳妆楼头，痴眼依依，痴情依依，有心取媚君子，君不恋

延支山上，落木潇潇，落花潇潇，无缘省识春风，春难留

（北宋诗人黄庭坚年轻时游学延支小乔梳妆楼前对文痞。出句自高自大，轻藐声声；对句反唇相讥，铁骨铮铮。）

在天津任教，天天吃天津饭，吃得津津有味

赴日本留学，日日读日本书，读来本本不通

（清代天津教师撰。此联立意新奇，构词巧妙，层层递进，工整贴切，读来确实津津有味，趣乐盈怀。妙！）

山山海海山海关，雄关镇山海

日日月月日月潭，秀水映日月

（包佳峻对美籍华人教授联。）

古往今来，形形色色，无非是戏

天高地远，奇奇怪怪，何必认真

（湖北应山戏台联。看得破，撇得开，自得其乐！）

清洁工人清洁心，清清洁洁清世界

光明大地光明路，光光明明光新天

（1982年河北省长李尔重题赠石家庄清洁工人联。身为一省之长，如此理解清洁工人的胸襟和贡献，实属难能可贵！）

老夫六六，新娘三三，老夫新娘九十九

白发盈盈，红颜蔼蔼，白发红颜眉齐眉

（贺熊希龄和毛彦文女士结婚联。）

5．多字双叠联：

重重叠叠山，曲曲弯弯路

高高下下树，叮叮咚咚泉

（浙江杭州九溪十八涧联。余樾题。）

上上下下，男男女女，老老少少，都添一岁

家家户户，说说笑笑，高高兴兴，同过新年

（江苏南通书生赵元寿除夕对塾师。）

6．字字双叠联：

山山水水，处处明明秀秀

晴晴雨雨，时时好好奇奇

（黄文中题浙江杭州西湖中山公园“天下景亭”联。）

莺莺燕燕，翠翠红红，处处融融洽洽

风风雨雨，花花草草，年年暮暮朝朝

（浙江杭州孤山花神庙联。）

风风雨雨，暖暖寒寒，处处寻寻觅觅

莺莺燕燕，花花叶叶，卿卿暮暮朝朝

（江苏苏州网师园联。）

曲曲弯弯，前前后后，花花叶叶，水水山山，人人喜喜欢欢，处处寻寻觅觅

年年岁岁，朝朝暮暮，风风雨雨，莺莺燕燕，想想来来往往，常常翠翠红红

（兰州慕少堂题仰园联。）

南南北北，文文武武，争争斗斗，时时砍砍杀杀，搜搜刮刮，看看干干净净；

家家户户，女女男男，孤孤寡寡，处处惊惊慌慌，哭哭啼啼，真真凄凄惨惨。

（“民国”初年，民不聊生，人题此联讽之。）

世世代代，勤勤恳恳，子子孙孙，兢兢业业，处处认认真真，事事兴兴旺旺；

山山水水，郁郁葱葱，村村寨寨，蓬蓬勃勃，家家富富泰泰，人人喜喜欢欢。

（1984年四川成都迎春征联选，陶连成对。）

年年月月，积积攒攒，家家富富裕裕（对句）

进进出出，熙熙攘攘，个个亲亲热热（对句）

存存取取，方方便便，人人喜喜欢欢（出句）

（1984年西安爱国储蓄征联选，田贵昌、杨乾坤对。）

噼噼啪啪，哗哗啦啦，轰轰隆隆，热热闹闹，女女男男，老老少少，人人欢欢喜喜；

闪闪亮亮，红红绿绿，扬扬纷纷，光光明明，街街巷巷，户户村村，处处辉辉煌煌。

（1991年湖南国际烟花节联。）

家家户户，羞羞答答，吞吞吐吐（常江出句）

校校班班，坦坦荡荡，讲讲学学（张铁军对）

女女男男，磊磊落落，问问学学（卢焕然对）

爸爸妈妈，轻轻松松，讲讲谈谈（舒云水对）

（2003年中央电视台《交流》栏目“家长怎样和孩子谈性”征联选。）

（四）顶针联

“顶针联”，是指那些含有前词词尾和后词词头字词相同的联语。如果句内含有两个以上此类句式的，读起来畅若流水，则称作“流水联”。

顶针法是人们常用的所谓“词头咬词尾”的构词手法。用此种手法创作的联语，不仅层层递进，可以开拓出深远的意境，同时也使联语的音韵和谐流畅，读起来铿锵有力，悦耳动听。例如：

1．顶针联：

草号相思，思岸柳眉弯腰细

花名含笑，笑石榴齿露皮斑

（北宋诗人苏东坡对李瑞叔。思得情深，笑得灿烂，物以人化，情景兼融！）

寺名多宝，有许多多宝如来

国号大明，无更大大明皇帝

（明代翰林学士洪怀素多宝寺中对明太祖朱元璋。）

画扇画鱼鱼跃浪，扇动鱼游

绣鞋绣凤凤穿衣，鞋行凤舞

（明代内阁首辅严嵩十一岁对县令曹宗。）

大江东去，浪淘尽千古英雄，问楼外青山，山外白云，何处是唐宫汉阙；

小苑春回，莺唤起一庭佳丽，看池边绿树，树边红雨，此间有舜日尧天。

（明代吴王徐达悬百金征联选。出句气宏势伟，思之无迹；对句景美情幽，睹之有趣！）

金水河边金钱柳，金钱柳穿金鱼口

玉栏杆外玉簪花，玉簪花插玉人头

（明代翰林学士解缙八岁对胡子琪。工整贴切，巧妙自然！）

三跳跳下地

一飞飞上天

（明代文学家蒋焘幼年对祖父。工整贴切！）

药号当归归何去

花名含笑笑谁人

（明代神童李文甫幼年对其父。问得幽默，对得风趣！）

三个铜钱贺喜，嫌少勿收，收则爱财

两间茅屋待客，怕穷莫来，来者好吃

（相传，清代乾隆皇帝南巡途中见一家结婚，偶发奇兴，让侍从拿三个铜钱和出句前去贺喜，本想为难此家，不收不是，收也不是，寻趣斗乐；不料此家一才子收下铜钱，对以下句，反使乾隆十分难堪。此联出句刁钻奇巧，对句机敏难缠。真乃冤家路窄，玩火自焚！正是：钱多能使鬼推磨，才高可让神挠头！）

野外黄花，好似金钉钉地

城内白塔，犹如玉钻钻天

（清代进士王尔烈幼年对塾师。此联立意神奇，对仗严谨，钉地钻天，生动有趣。钉、钻二字，前为名词，后为动词，音义各异。由于师生才高智广，方可成此绝世佳作！）

门关金锁锁

帘卷玉钩钩

（清代才女李娥对王方。此联同前联一样，异曲同工，堪为佳作！）

早去一天天有眼

再留此地地无皮

（清代百姓讽贪官。）

大道生财，财连云汉三千丈

尊古炮制，制死黎民几万人

——路断人稀

（清代贪官路大尊敛财害民，人题此嵌名联骂之。）

尔小生生来刻薄

巽大断断子绝孙

（清末四川总督赵尔巽贪财祸民，人题此嵌名联骂之。）

今日过断桥，断桥何日断

明朝奔明月，明月几时明

（清代才子李士彬七岁对塾师。）

怒涛卷风风卷浪

月光射水水射天

（浙江定海县舟山观瀑亭联。）

大肚能容，容天下难容之事

慈颜常笑，笑世上可笑之人

（北京谭拓寺弥勒佛联。宽宏大量，雅量可贵！笑面对人，笑意温心！然而，切不可笑人之灾，笑人之祸；幸灾乐祸，伤天害理，世人应戒之！）

世外人，法无定法，然后知非法法也

天下事，了犹未了，何妨以不了了之

（何元善题四川新都宝光寺联。）

与其苟且偷生，生无足道

非为奋斗而死，死有余哀

（毛泽东在湖南师范上学时题挽联激励同学们奋起革命，用心良苦！）

储蓄有利，利国利己利社会（出句）

和衷共济，济世济人济苍生（白水对）

勤俭必兴，兴家兴业兴中华（汪世伟对）

勤劳致富，富你富我富国家（吕刚强对）

（1984年西安爱国储蓄征联选。）

东山月，西厢月，月下花前，曲曲笙歌情切切

南岭天，北港天，天涯海角，樽樽桂酒意绵绵

（1985年中秋广东梅县“云香楼酒家”开业征联选。）

秋至秋中爽，爽秋共醉中秋夜（刘淳对）

月逢月半圆，圆月高悬半月台（出句）

（1990年山东丹县“半月台杯”中秋征联选。）

难忘人生，人生无悔（常江出句）

追求梦想，梦想有期（姜永凯对）

培育桃李，桃李有知（张小弹对）

（2002年中央电视台《交流》栏目“讲台前的故事”征联选。）

水火亦多情，情贯西东输灿烂

江河皆有意，意通南北见辉煌

（2004年中国科学技术协会、中央电视台、中国楹联学会“春天的聚会”征联选。此为“西电东输、南水北调联”。）

春播播碧玉　秋收收黄金

初秋菊香香千里　九月婚喜喜百年

迎新春春风醉我　辞旧岁岁月宜人

开门迎春，春风拂面　抬头见喜，喜上眉梢

美女奇男，男婚女嫁　欢天喜地，地久天长

佳节迎春，春生笑脸　丰收报喜，喜上眉梢

劳动致富，致富有理　勤俭持家，持家无忧

春日迎春，春联增春色　喜年贺喜，喜鹊报喜音

梅花含笑，笑迎太平岁　爆竹声欢，欢庆大兴年

活到老，学到老，老不服老　文亦精，字亦精，精亦求精

佳节逢春，春花春色春意浓　新年纳福，福天福地福如山

迎春纳福，福如东海长流水　辞岁增寿，寿比南山不老松

家家贴春联，联语字字抒壮志　处处放鞭炮，炮声阵阵展豪情

无贪心，无私心，心存清白真快乐

不寻事，不怕事，事留余地自逍遥

2．流水联：

水车车水水随车，车停水止

风扇扇风风出扇，扇动风生

（明代书画家唐伯虎对祝枝山。自然流畅。）

船载石，石重船轻轻载重

杖量地，地长杖短短量长

（明代翰林学士董玘八岁对浙江会稽县令。）

碧水连天天连水，水天一色

明星伴月月伴星，星月交辉

（明代吏部尚书顾鼎臣幼年对塾师。如诗如画。）

风吹大浪浪掀洲，洲如蛟龙分水

日照三河河映塔，塔似猛虎拦溪

（明代神童商辂幼年对主考。巧嵌当地三河、兰溪、大浪、汾水四地名。）

保叔塔，塔顶尖，尖如笔，笔写五湖四海

锦带桥，桥洞圆，圆似镜，镜照万国九州

（明代才子许文长对杭州知府。）

水上结冰冰积雪，雪上加霜

空中腾雾雾成云，云开见日

（明代江南巡案韩雍审明一冤案后不尽感叹，吟出上句，因对下句，工整严谨，切景切情。）

桑养蚕，蚕作茧，茧抽丝，丝织绫罗绸缎

草藏兔，兔生毫，毫扎笔，笔写锦绣文章

（清代进士李调元五岁对塾师。生动有趣。）

青草塘内青草鱼，鱼戏青草，青草戏鱼

黄花园中黄花女，女弄黄花，黄花弄女

（清代两江主考李调元游园对友人。）

水手落水，水鬼拉住水手手

火头吹火，火星飞上火头头

（清代举人何淡如对友人。工整贴切，趣乐横生，妙！）

人担柴，柴重人轻轻担重

脚量路，路长脚短短量长

（清代诗人宋湘游途对樵夫。）

油造蜡烛，烛里一心，心中有火

纸糊灯笼，笼边多眼，眼内无珠

（清代文学家魏源十一岁才智超人，遭人妒忌，出句意在发泄，对句反唇相讥。）

四望亭，亭四望，望东望西望南北

百步梯，梯百步，步上步下步高低

（江苏扬州瘦西湖公园“四望亭”联。）

大鱼吃小鱼，小鱼吃虾虾吃泥，泥干水尽

朝廷刮州府，州府刮县县刮民，民穷国危

（清末书生对塾师。）

寿比南山，山不老，老大人，人寿年丰，丰衣足食，食尽珍馐美味，位尊德大，大享荣华富贵，贵客早应该来，来之是理，理所当然；

福如东海，海阔大，大贪鬼，鬼面兽心，心狠手毒，毒似豺狼虎豹，暴病而死，死无葬身之地，地方好人莫去，去了后悔，悔之晚矣。

（清代一大恶霸庆寿，马屁精献媚邀宠，穷秀才对句痛骂，各抒己见，爱憎分明！）

过苦年，年苦过，过年苦，苦过年，年来年去今亦古

读书好，好读书，书好读，读好书，书田书舍子而孙

（清代四川江津长联圣手钟耘舫题春联。循环反复，讽世明志！）

差徭总局，酒局肉局药丸局，局中设局，局内者甘，局外者苦，几时了局见升平；

支应诸公，猪公狗公乌龟公，公然办公，公心何在，公理何存，无非假公图私益。

——斌卡尖傀

（民主革命者郭亮讽骂差徭总局联。此联九嵌“公局”二字，主题突出。横批四字字意为：文不文，武不武；上不上，下不下；小不小，大不大；人不人，鬼不鬼；寓意为：文武、上下、大小官员，都是人间魔鬼。）

谷磨磨谷，谷随磨转，磨转谷裂出白米

门锁锁门，门由锁开，锁开门敞迎故人

（毛泽东对何长工。）

常德德山山有德

长沙沙水水无沙

（湖南长沙沙水井亭联。简洁明快，一气呵成。妙！）

看我非我，我看我，我也非我

装谁像谁，谁装谁，谁就像谁

（京剧大师梅兰芳题。妙语连珠，堪为佳作。）

先是老亲，后是新亲，亲上加亲，亲亲嫡嫡

乾为男子，坤为女子，子又生子，子子孙孙

（古代秦晋两家婚俗轿联。秦晋两家先是老亲，又结新亲，

和谐幸福。因此，古代把两家结亲称作“喜结秦晋”。）

亚运燃圣火，圣火出神州，神州燃遍圣火

寰球爱和平，和平溥世界，世界爱好和平

盛世重贤才，贤才匡社稷，社稷重视贤才

（1990年亚运会火炬征联选。王炳沅、李元振对。）

文章满纸，满纸丹心，丹心遭厄，奇冤绝今古

风雨同舟，同舟聆教，聆教难忘，心花慰英灵

（《前线》杂志编辑部挽邓拓联。）

闻名店，店闻名，名扬四海

迎客楼，楼迎客，客满一堂

一心守道道无穷，穷中有乐

万事随缘缘有份，份外无求

华光照四海，四海皆春春不老

佳节临九州，九州同乐乐无穷

（五）连环联

“连环联”，是指那些句头句尾字、词相同的联语。如若联语中同时含有顶针句式，则称作“顶针连环联”；含有流水句式的，则称作“流水连环联”；如若下联句头和上联句尾的字、词相同，下联句尾又和上联句头的字、词相同时，则称作“大连环联”。连环联构词奇巧，体态俏丽，赏心悦目，堪为一绝。例如：

1．连环联：

半夜二更半

中秋八月中

（明代文学评论家金圣叹寺院对长老。贴切自然。）

吏部堂中，一史不读枉作吏

天香阁上，二人言情夫为天

（明代天官之女霍定金对丈夫文必正。此为拆字连环联，“吏”拆一、史，“天”拆二、人。）

杜诗汉名士，非唐朝杜甫之杜诗

孟子吴淑姬，岂楚国孟轲之孟子

（明代江西秀才对宰相李梦阳。）

海瑞漾清风，壮心填海

天祥存正气，苦胆忧天

（清代状元梁耀枢幼年对塾师廖亮祖。相传：炎帝之女在东海溺死后化为精卫鸟，每天在西山衔石到东海填海，无休无止。出句勉励学生要像明代吏部右侍郎海瑞那样，惩贪平冤，清正廉洁；要像精卫鸟填海那样，不达目的誓不罢休。对句誓效宋末丞相文天祥兴兵抗元，誓死不屈之浩然正气。师生高风亮节，忧国忧民，可钦可敬。）

克己务严，须从难处去克

为善必果，勿以小而不为

（清代进士唐仲冕自勉联。克己从难，为善从实！勿以善小而不为，勿以恶小而为之！善欲人见，不是真善，恶恐人知，便是大恶！克己克私欲，戒邪恶！为善为国家，济黎民！此乃修身养性、为人处世之要旨！谨记！谨记！）

假作真时真亦假

无为有处有还无

（清代文学家曹雪芹著《红楼梦》中联。真即真，假即假，有即有，无即无；既不能以真作假，更不能以假充真；既不能以有装无，更不能以无装有。实事求是乃立身之道，处世之本。）

八面山威风八面

四方井造福四方

（八面山在湘鄂交界处，四方井在四川酉阳。）

摄政王兴，摄政王亡，建虏兴亡双摄政

兼祧子成，兼祧子败，清朝成败两兼祧

（“摄政王”为古代帝王因病或年幼不能临朝执政时，由其近亲长辈代其临朝执政之人的称号。“兼祧子”为古代帝王无子嗣，而由近亲之子过继给皇帝为继子，兼承两家宗祧之人的称号。清朝第一个摄政王为多尔衮，1644年兴兵入关，为清朝奠基；第二个摄政王为载沣，辅宣统皇帝，致清朝灭亡。第一个兼祧子为顺治皇帝，他是多尔衮的继子；第二个兼祧子为宣统皇帝，他是载沣之子，兼祧光绪皇帝继子。此联寥寥两句话便概括了清朝兴亡史中的渊源，难能可贵。）

失一执信，得一广东，得不偿失

生为人敬，死为人思，死犹如生

（陈独秀挽朱执信联。）

半市半乡，半读半耕，半士半医，世上本少全才，故名曰半；

闲吟闲咏，闲弹闲唱，闲斟闲酌，人间尽多忙客，唯我独闲。

（湖南袁少枚题“半闲园”联。）

慎之又慎　精益求精

盛世年年盛　新风代代新

喜鹊一日三报喜　财神三天九送财

异姓有情非异姓　同胞无义枉同胞

翠柏苍松，绿染千山千山翠　香茶鲜果，味飘万里万里香

重素质，德智体美劳五育并重　兴中华，工农商学兵百业同兴

好山好水好风光，处处风光好　新人新事新气象，年年气象新

2．顶针连环联：

雪里白梅，雪映白梅梅映雪

风中绿竹，风翻绿竹竹翻风

（北宋诗人苏东坡对才僧佛印。）

阁老心高高似阁

天官胆大大如天

［明代嘉靖皇帝警示首辅（阁老）严嵩、尚书（天官）熊浃二人心高胆大，枉法欺天。妙！］

地楼之上起楼，楼间无地

天井之中开井，井底有天

（清代进士王尔烈对友人。工整贴切。）

苇篾织席席盖苇

牛皮拧鞭鞭打牛

（清代大学士纪晓岚幼年代兄对塾师。风趣幽默。）

鸟笼撒谷谷饲鸟

花盆装土土栽花

（清代状元王云锦幼年对其父。）

断桥桥不断

残雪雪未残

（浙江杭州西湖“断桥残雪亭”联。）

国士无双双国士

忠臣不二二忠臣

（广东潮州双忠祠联。）

木匠做枷枷木匠　书生写状状书生

竹篾绑笋，笋长大成竹　稻草扎秧，秧结子为稻

月照破棚，棚内许多零碎月　风吹曲巷，巷中不少转弯风

蝴蝶花上驻蝴蝶，蝴蝶恋蝴蝶　红梅阁旁栽红梅，红梅伴红梅

（以上四联为清代文人唱和联。趣乐横溢，赏心悦目！）

奇乎不奇，不奇亦奇

园耶是园，是园非园

（1944年王超北题西安莲湖公园内梅永和夫妇开办的“奇园茶社”联。）

生产产诗歌，诗歌歌生产；热带作物区里作诗，诗情最热；

劳动动教研，教研研劳动；红旗照耀光中施教，教益通红。

（文学大师郭沫若热带作物区里对诗人萧三。如诗如画，巧妙自然，堪为佳作。）

佳偶天成，成天做佳偶（出句）

真情面对，对面诉真情（马腾对）

妙联对绝，绝对为妙联（李文涛对）

贤才国举，举国荐贤才（黄腾政对）

（2002年中央电视台贺春第三集征联选。）

盛世同歌歌世盛

丰年共乐乐年丰

菜籽榨油油炒菜

棉花织布布包棉

3．流水连环联：

无锡锡山山无锡

平湖湖水水平湖

（古代朱存题江苏无锡锡山联。巧妙自然！）

笋长竹，竹破篾，篾编篮，篮盛笋

苗成树，树锯板，板钉船，船运苗

4．大连环联：

春到山乡遍地喜

喜临农家满院春

（六）回文联

“回文联”，是指那些使用倒顺句构词手法创作的联语。

“回文联”具有多种艺术形态：联语中含有倒顺句的称作“倒顺联”；联语能够倒过来读的称作“回文联”；读到句子中间便又自动倒读回去，正读、倒读完全相同的称作“回环联”；上下联中下半句为上半句倒读的称作“顶针回环联”；下联为上联倒读的称作“大回环联”，也叫“卷帘回环联”。

回文联立意新颖，构词巧妙，逗人喜爱，引人入胜，堪为一绝。例如：

1．倒顺联：

马乘学，学乘马，汲汲而来

钱同爱，爱铜钱，孜孜为利

（相传，此为三国时钱同爱、马乘学二人逗笑联。）

相公公相子

人主主人翁

（宋代宰相蔡京对宋徽宗皇帝。）

走马灯，灯马走，灯熄马停步

飞虎旗，旗虎飞，旗卷虎藏身

（北宋政治家王安石赴京应试途中见一家悬上句招亲，无暇应对。京试中巧遇出下句令对，王即以上句对之，得中进士。归途中王又以下句对之，喜得佳偶。婚庆时王书“囍”字庆贺，意为“双喜临门”。后来人们结婚时贴“囍”字即源于此。此联对仗工整，切景切情，堪为佳作！）

八十君王，处处十八公道旁介寿
九重天子，年年重九节塞上称觞

（清代大学士纪晓岚对彭元瑞。1790年乾隆皇帝八十寿诞时出巡热河，九月初九驻万松岭行宫庆寿。“松”字可拆为十八公；彭巧以十八公赞皇帝八十大寿。九月初九为重阳节，也称“重九节”。皇帝称为“九重天子”，纪巧以重九对九重。妙！）

八方桥，桥八方，站在八方桥上观八方，八方八方八八方；
万岁爷，爷万岁，跪在万岁爷前呼万岁，万岁万岁万万岁。

（清代大学士纪晓岚对乾隆皇帝。出口成章，趣乐横溢！）

搔搔痒痒，痒痒搔搔，不搔不痒，不痒不搔，越搔越痒，越痒越搔；

生生死死，死死生生，有生有死，有死有生，先生先死，先死先生。

（清代进士李调元幼年患疥疮，上课时搔痒，塾师出句调笑；李反唇相讥。为师失德，自招其辱！）

月圆月缺，月缺月圆，年年岁岁，朝朝暮暮，黑夜尽头方见日；
花开花落，花落花开，夏夏秋秋，暑暑寒寒，严冬过后始逢春。

（清代进士李调元充军赦回后夫妻对。）

静而修，修而静，静静修修，修修静静
空者悟，悟者空，空空悟悟，悟悟空空

（清代安庆寺僧了凡对本悟。静修有道，空悟无为！）

院以山名，山因院盛，千年学府传于古
人因道立，道以人传，一代风流直到今

（周淑韬题湖南长沙岳麓书院联。）

异姓胜同胞，笑他人同胞异姓
三分归一统，恨当年一统三分

（云南石屏山关帝庙联。）

面面有情，环水抱山山抱水

心心相印，因人传地地传人

（浙江杭州“西泠印社”联。）

如何不着急，着急又如何，黄连树下弹琴，苦中作乐；

哪里去逃荒，逃荒到哪里，但愿苍天开眼，绝处逢生。

（萧耀南题新州孔埠故居联。）

吹吹打打，打打吹吹，虽隔墙邻居，一圈花轿十里远；

笑笑啼啼，啼啼笑笑，本青梅竹马，片时装相众宾哗。

（古代女子出嫁时要哭着上轿，称为“哭嫁”，表示恋亲恋家之意。本是隔墙邻居花轿也要绕行，并不准走回头路，意为偕老百年，永不回头。）

铁钉钉钉鞋，钉钉停停，停停钉钉，牢

树漆漆漆盘，漆漆息息，息息漆漆，亮

（古代安徽肥东县漆匠兄对鞋匠弟。生动形象！）

醉汉妻弟尼姑舅

尼姑舅姐醉汉妻

（古代尼姑救助醉汉，庵主疑其淫，告至县衙，县令问尼，尼答语。原来醉汉是尼姑的父亲。）

一个人倒下去，千万人站起来

千万人站起来，一个人倒下去

（挽爱国民主人士闻一多联。一颠一倒，寓意为：闻一多倒下去，千万人站起来；千万人站起来，蒋介石则倒台。）

雨亭壮烈牺牲，劝父老何必哭哭啼啼，啼啼哭哭；

同志救亡要紧，嘱健儿定要承承继继，继继承承。

（朱子美题湖南永城雨亭祠联。雨亭为抗日烈士鲁雨亭。）

领导四化，需四化领导（出句）

指挥三线，设三线指挥（素馨对）

（1985年《福建日报》迎春征联选。出句中两个四化内容不同：前为“工业现代化、农业现代化、科技现代化、国防现代化”，是当时的治国纲领；后为“知识化、专业化、年轻化、革命化”，是当时选干的标准。）

《时代青年》，《青年时代》，时代哺育青年，青年献身时代；

《英雄儿女》，《儿女英雄》，英雄激励儿女，儿女争当英雄。

《足球世界》，《世界足球》，足球联结世界，世界风靡足球。

（1990年《时代青年》杂志社征联选。首句为出句，后为二人对句。）

舞台小天地　天地大舞台

亲情无怨恨　怨恨无亲情

生活的理想　理想的生活

盛世同歌，同歌盛世　神州共乐，共乐神州

2．回文联：

晴日海霞红霭霭
晓天江树绿迢迢

（此为唐代徐夤回文诗中句。倒读即为：迢迢绿树江天晓，霭霭红霞海日晴。）

暖风吹冷水
明月照光山

（此为古代文人唱和联。正读虽然水冷山光，惨景一片；倒读即为：“水冷吹风暖，山光照月明”，倒有一些韵意。同时，此联尚可拆读，例如：“风吹冷水暖，月照光山明”；“冷水暖风吹，光山明月照”；“水暖风吹冷，山明月照光”等等，倒也有趣！）

桥眼五通连水秀

峡门三稳镇波宁

（古代文人唱和联。倒读即为：“秀水连通五眼桥，宁波镇稳三门峡。”巧嵌四地名：“秀水”“五眼桥”在广东，“宁波”在浙江，“三门峡”在河南。）

趣言能适意

茶品可清心

（古代茶馆联。回读即为：“意适能言趣，心清可品茶。”）

观奇得上弯弯路

画彩当来片片云

（浙江缙云县仙都“片云亭”联。回读即为：“云片片来当彩画，路弯弯上得奇观。”回读更为形象贴切，如画如诗，耐人品味！）

3. 回环联：

人重官非官重人

德胜才勿才胜德

（明代礼部尚书李廷机撰。）

响水池中池水响

黄金谷里谷金黄

（明代农夫对京官。）

处处飞花飞处处

声声笑语笑声声

（明代文人唱和联。）

曲江曲奏曲江曲　云梦云蒸云梦云

武即勇士勇即武　文随意抒意随文

客聚茶亭茶聚客　人行便道便行人

月洒竹枝竹洒月　诗催酒兴酒催诗

画家画国画国画家画　书圣书草书草书圣书

（以上五联为古代文人唱和联。）

斗鸡山上山鸡斗
龙隐洞中洞隐龙

（桂林斗鸡山联。）

我爱邻居邻爱我
鱼傍水活水傍鱼

（广东德江德邻里联。）

雾锁山头山锁雾
天连水尾水连天

（福建厦门鼓浪屿鱼腹浦联。）

翠湖喷水日水喷湖翠
春城飞花时花飞城春

（昆明翠湖公园联。）

味美思美味　荣春恋春荣

大肚壶肚大　高脚杯脚高

水壶壶壶水　茶碗碗碗茶

艳艳红联红艳艳　声声爆竹爆声声

并蒂莲开莲蒂并　双飞燕侣燕飞双

蝶恋花蜜花恋蝶　鱼傍水活水傍鱼

厚意绵绵绵绵意厚　深情切切切切情深

（以上七联，相传为厦门鼓浪屿父子在“荣春酒店”内唱和联。一席七联，全系回环句式，难能可贵！）

马歇尔歇马

华来士来华

（抗日战争时期，美国总统马歇尔曾来华访问，后下台。抗日战争胜利后，美国国务卿华来士又来中国访问时有人出下句征联。对句切人切事，工稳自然，堪为佳作！）

上海自来水来自海上（出句）

前门出租车租出门前（世光对）

中国出人才人出国中（石兴兵对）

西湖绿柳堤柳绿湖西（康乃忠对）

北京永定桥定永京北（汉三对）

（1982年中央电视台征联选。）

海上明珠明上海（出句）

华中泽雨泽中华（翟君对）

国中富策富中国（李新民对）

门前红旗红前门（刘拴来对）

（1995年安徽潜山“天柱杯”征联选。）

豆大为大豆　人小非小人

贵阳太阳贵　新乡城乡新

盛世歌世盛　祥日庆日祥

交友有诚有友交　为人无信无人为

院满春光春满院　门盈喜瑞喜盈门

处处红花红处处　重重绿树绿重重

地满红花红满地　天连碧水碧连天

雪映梅花梅映雪　莺藏柳絮柳藏莺

翠柳河边河柳翠　香茶山上山茶香

静泉山上山泉静　清水塘里塘水清

我醉诗词诗醉我　人迷对句对迷人

车上客让客上车　乡下人夸人下乡

女爱郎才郎爱女　夫敬妻品妻敬夫

爱长长得长长爱　情深深知深深情

凤落桐枝桐落凤　珠联璧合璧联珠

众人舞龙灯龙舞人众　群星伴月夜月伴星群

4. 顶针回环联：

人里柳如是，是如柳里人

郎中王若俨，俨若王中郎

（明末名妓柳如是对郎中王若俨。“郎中”为中医医生之称，“中郎”为古代官吏名。）

客上天然居，居然天上客

人过大佛寺，寺佛大过人

僧游云隐寺，寺隐云游僧

（清代乾隆皇帝出句，大学士纪晓岚对。后来一才子再对，更为工整贴切。）

异草奇花，花奇草异

青山绿水，水绿山青

（古代文人唱和联。）

请勿吸烟，烟吸勿请

包不褪色，色褪不包

（染布店老板对茶馆掌柜。正读回读，联义截然相反。妙！）

5. 卷帘回环联：

客上天然居

居然天上客

（清代乾隆皇帝撰。人进此店，居然如仙。妙！）

中华传妙墨

墨妙传华中

（清代文人唱和联。）

客上迎义小店

店小义迎上客

（清代湖南荣湾镇“迎义饭店”联。店小义重，人自喜临。）

新岁佳偶　偶佳岁新

天连碧树春滋雨　雨滋春树碧连天

花落葬魂寒塘水　水塘寒魂葬落花

（七）谐音联

“谐音联”，是指那些使用同音异字构词手法创作的联语。谐音联的艺术形态主要有：谐音联、谐音顶针联、谐音流水联、谐音连环联、谐音顶针连环联、谐音顶针回环联等等。如系连用多个或全用谐音字组成的联语，则称为“同韵联”，此种联语由于读起来比较拗口不顺，所以也称为“拗口令联”。谐音联立意奇巧，幽默风趣，文学性强，艺术性高，逗人喜爱，引人入胜，堪为一绝。例如：

1．谐音联：

河里荷花，和尚掐去何人戴

情凝清音，琴弦弹给青娥听

冰冻兵车兵砸冰，冰碎兵车动

龙卧隆中隆未龙，龙学隆待时

（唐代女皇武则天诏宣化府十三岁、九岁两姐妹入宫试才。出得奇巧，对得贴切。女皇欲留小女在宫伴驾，小女口吟“天空云初起，鸿雁正双飞，所嗟人异雁，不得一行归。”武听后怜其姐妹情深，赐赏放回。拒之以情，才智超群，才女神矣！）

风吹钟声花间过，又香又响

月照萤灯竹畔明，且亮且凉

（唐代诗人李群玉幼年对塾师。出句奇巧传神，春色醉我，对句机敏贴切，秋意袭人。妙！）

无山得以巫山好

何叶能如荷叶圆

何水能如河水清

（北宋才僧佛印出句，苏轼以叶对山，不够贴切；其兄苏辙以水对山，珠联璧合！）

蒲叶桃叶葡萄叶，草本木本

梅花桂花玫瑰花，春香秋香

（明代翰林学士解缙对友人。自然贴切，俏丽迷人，堪为佳作！）

削发又犯法

出家却戴枷

（明代书画家唐伯虎九岁对其父。）

童子执桐木，撞铜钟，同声相应

妃嫔着绯衣，叩扉户，非礼勿言

（明代才子徐昌谷对书画家唐伯虎。出句四个谐音“同”字中，第二、三字中包含第四个字，巧！对句四个谐音“非”字中，第二、三中也包含第四个字，妙！）

天上星，地面薪，人中心，字义各别

云间雁，檐前燕，离边鷃，物类相同

（明代文学家王彝幼年对客人。）

雨打沙滩，沉一渚，陈一渚

风吹蜡烛，流半边，留半边

（明代翰林周渔璜金山寺里对长老。工整贴切，生动形象！）

红荷花，白荷花，何样荷花好

黑椹子，赤椹子，甚么椹子甜

（清代礼部尚书张英侍女对村姑。）

墙边柳，枕边妻，无叶不青，无夜不亲

笼中鸟，仓中谷，有架必跳，有价必粜

（明代文学家李开先七岁对进士。出句色情浓浓；对句童趣依依！“粜”为古代卖粮之代称。）

船装油漆桶，油七桶，漆八桶

手提葱韭把，葱九把，韭十把

（清代湖南卖菜人对船夫。）

老鸦踏断老桠枝，鸦飞枝落

仙鹤归来仙壑涧，鹤唳涧鸣

（清代秀才刘敞、刘放两兄弟唱和联。）

围棋赌酒，一着一酌

坐漏读书，五更五经

（清代陆粲幼年对陆象孙。）

权门生犬子

才女嫁豺狼

（清代文人骂恶绅。）

风吹桌上烛，流一半，留一半

日照檐头冰，掉三根，吊三根

（湖北咸宁《金桂报》征联选，吕中明对。生动形象，妙！）

林巧稚，临巧治

竺可桢，足可珍

（1990年营口《科普报》征联出下句，谐赞气象学家竺可桢弃高薪回国，为祖国气象学研究做出了重要贡献。四川韦汉荣对句谐赞医学家林巧稚。）

京酒香，醉乡梦久

人心悦，正月年新

（1997年北京“京酒迎春谜联大赛”征联选。常江对。）

配青锋剑，上青峰山，听清风徐来，赏清风摇曳，碧野清芬清肺腑；

逢白露时，听白鹭语，窥百鹿竞走，羡百麓垂悬，苍生百禄百逍遥。

（1998年蒋建辉出句征联，赵健之对。）

平安道上，道一声平安，祝一生平安（出句）

如意结中，结万式如意，祈万事如意（对句）

风景画中，画五岳风景，赏五月风景（对句）

（2002年中央电视台贺春第六集征联选，张再贵、朱敬刚对。）

药材好，药才好　牛奶佳，牛乃佳

大清早吃大青枣　小媳妇穿小西服

枸杞树上狗骑树　鸡冠花下鸡观花

松柏挺胸，傲送冬去　梅花含媚，笑迎春归

爆竹声声报，人间改岁　梅花朵朵媚，天下皆春

2．谐音顶针联：

指挥烧纸，纸灰飞上指挥头

修撰进馐，馐馔饱充修撰腹

（明代修撰李东阳和张指挥逗笑联。）

童子打桐籽，桐籽不落，童子不乐

麻姑吃蘑菇，蘑菇真鲜，麻姑真仙

（明代才子祝枝山对秀才。）

猫伏茅墙风吹毛，毛动猫不动

鹰立樱梢月移影，影移鹰未移

（明代文学评论家金圣叹茶馆对老翁。）

黄河岸上立黄鹤，鹤饮河水

白杨树下卧白羊，羊吃杨叶

（清代秀才李方希对道台。好一幅羊鹤食饮图！）

李打鲤，鲤沉底，李沉鲤浮

风吹蜂，蜂扑地，风息蜂飞

（清代进士李调元调任辞别宴上对候补道。出句暗寓：过去你李调元压得我抬不起头来，现在你调出去，我升上来。对句暗寓：你在背后扇风捣鬼，想整倒我，现在邪风已息，我仍在展翅高飞。）

洛阳桥，桥下荞，风吹荞动桥不动

鹦鹉洲，洲上舟，水冲舟流洲未流

（清代两江总督张之洞幼年对游人。）

冰冻兵车兵砸冰，冰开兵走

泥污尼姑尼洗泥，泥净尼回

（清代北洋水师水兵对总督李鸿章。）

黄花节接黄花女

白马营迎白马郎

（中国楹联协会副会长马潇潇题婚联。贴切自然！）

童子打桐籽，桐籽落，童子乐

丫头啃鸭头，鸭头咸，丫头嫌

（1981年9月《中国青年报》为古句征联选。）

3．谐音流水联：

天心阁，阁落鸽，鸽飞阁未飞

水陆洲，洲停舟，舟行洲不行

（湖南长沙天心阁联。）

马咬马，马踢马，马小丫喊妈出，妈拉马，妈打马，马归马槽，妈妈骂马，马看妈，妈看马；

牛抵牛，牛蹭牛，牛老头叫妞来，妞捅牛，妞撵牛，牛入牛圈，妞妞拧牛，牛瞪妞，妞瞪牛。

（古代文人逗笑联。虽为俗言俚语，倒也形象有趣。）

游西湖，提锡壶，锡壶掉西湖，惜乎锡壶

过南平，买蓝瓶，蓝瓶失南平，难逢蓝瓶

（古代文人唱和联。）

做男人，人难做，做人难，难做人

挣义钱，钱易挣，挣钱易，易挣钱

翻日历，立夏立冬，东西南北知寒暑

读史书，抒情抒志，治乱治衰鉴古今

4．谐音连环联：

贾岛醉来非假倒

刘伶饮酒不留零

（明代书画家唐伯虎对张灵。趣乐横生。）

樱桃树上鹰飞过，鹰盗樱桃

绿豆田中鹿跳出，鹿偷绿豆

（明代湖南举人范宇对河南进士徐阳。）

渔夫余年守腴州，打鱼不打鱼，连年有余

书生疏地闯殊途，背书又背书，数载不疏

（清代湖南书生对渔夫。巧妙自然！）

亲戚亲齐，亲不齐，不亲戚

朋友朋有，朋没有，没朋友

（清代文人唱和联。）

新妇负薪归，涤新釜而煮新腐

道官灌稻去，回道观且戴道冠

（清代胡道安对友人。）

盗也有道

人而不仁

枇杷树下弹琵琶

峨眉山上会娥媚

5．谐音顶针连环联：

良弼桥上乘凉，凉到三更凉毕

吕亭驿中遇雨，雨至半夜雨停

（清代安庆寺僧人了凡对本悟。巧！）

喜凤祉麟祥，祥酒祥醇，持觞共颂祥和禧

尊鸾音像乐，乐山乐水，开宴同举乐寿樽

（1992年山东“祥酒杯”征联选。徐宝源对。）

6．谐音回环联：

画上荷花和尚画

书临汉帖翰林书

（明代才子唐寅撰。）

7．谐音顶针回环联：

九曲桥下湖空，空壶下桥取酒

陶宅院前酣醉，醉汉前院摘桃

（古代文人唱和联。巧！）

妻子置器

丈夫付账

8．拗口令联（同韵联）：

移椅依桐同赏月

等灯登阁各观书

（明朝嘉靖年间，江苏省阜宁县北陈庄老秀才之女福儿许配门生柳明为妻，洞房花烛之夜，新娘出上句令对，对上后方准进入洞房。新郎找学友秦东商量对出下句。新郎三更后到洞房应对时，新娘惊问：你不是早已对出“等灯登阁各观书”了吗？新郎否认。新娘因前半夜有人对过，误认为夫，失身他人，含羞自尽。老秀才也因此触桐而死，秦东也被县官误判而杀。后来柳明通过多年查访，终于查明此系盗贼贾二贵偷听他和秦东对句后所为，为死者洗冤报仇。此联不仅立意奇巧，更巧在“同、各”二字各为“桐、阁”二字之半，实属难能可贵！）

和尚正法，提汤上坛，大意失手，汤淌烫坛

裁缝老徐，与妻下棋，不觉漏眼，妻起弃棋

（明代翰林李东阳任塾师时师生唱和联。）

屋北鹿独宿

溪西鸡齐啼

（明代才子祝枝山对秀才。）

嫂扫乱柴呼叔束

姨移破桶令姑箍

（祝枝山对唐伯虎。）

娃挖蛙出瓦

妈骂马吃麻

（清代山西知县黄碧川二十年后对其母。）

铺轨高原，越岳穿川动冻土（出句）

放歌雪域，适时汇慧擎晴虹（阎肃对）

采煤低谷，钩沟沿岩探炭层（魏宗燕对）

行舟玉宇，经荆历砺擎青天（周鹤良对）

（2004年中国科学技术协会、中央电视台、中国楹联学会“春天的聚会”征联选。此为“青藏铁路”联。）

讨小老嫂恼　想娘狂郎忙

饥鸡争豆斗　暑鼠卧梁凉

饥鸡盗稻童桶打　暑鼠凉梁客咳惊

金缙近晋妗，进禁尽烬　刘琉遛柳榴，骝溜硫流

暑鼠凉梁，笔壁描猫惊暑鼠　饥鸡拾食，童桶翻饭喜饥鸡

周夫驾舟洲上走，洲底擦舟周眉皱

阎妻背盐檐下沿，檐水滴盐阎难言

许绪婿徐栩，绪恤栩，徐需许，叙序可续

冯封逢枫凤，封奉凤，枫讽冯，蜂烽难疯

（八）双关联

“双关联”，是指那些含有一词而寓双义的联语。如系寓含同音异字异义者，则称作“谐音双关联”。双关联立意奇巧，幽默风趣，逗人喜爱，堪称一绝。例如：

1．双关联：

莲子已成荷长老
梨花未放叶先生

［元末，朱元璋在庙里当小和尚时对叶秀才。“荷长老”既言荷已长老，又寓为何当长老（和尚）？“叶先生”既指梨花未开放而树叶先生出来，又寓对叶秀才的尊称。］

眼前一片园林，谁家庄子
壁上几行文字，哪个汉书

［明代画家陈道复对唐伯虎。“庄子”既指庄园，又寓战国时宋国（今河南商丘）人庄周所著道学经典《庄子》。“汉书”既指男子汉书写，又寓后汉时班固所著二十四史之一的《汉书》。］

竹笋出墙，一节须高一节
梅花逊雪，三分只是三分

（明代江盈科著《雪涛谐史》载：书生对塾师。出句明言竹笋出墙节节高，暗寓过节时学生给老师送节礼应该一次比一次多。对句以“梅花逊雪三分白”诗句立意，暗寓节礼还是原样，不能多送。一唱一和，心知肚明，幽默风趣，令人捧腹！“送节礼”乃为古之陋俗，现代严禁。教师育才兴国，德高望重，如若贪贿索财，有失师德，有辱师尊，重则违法乱纪，身败名裂。师生均应戒之。）

梅蕊未开，光棍先生白嘴
椒实既熟，夹壳长老黑心

（清代翰林学士周渔璜幼年对长老。“光棍”，古指未婚男子。“长老”为寺庙中当家和尚。出句明言梅花未开时在光枝上先生出白色小球，暗寓周是一个“光棍先生”。对句明言花椒熟时夹壳裂开，里面有一颗黑子，暗寓和尚为“黑心长老”。文人逗笑，超凡脱俗。）

药是当归，花宜旋复

虫还无恙，鸟莫奈何

（清代外交家黄遵宪在戊戌变法失败后被解职乡禁时撰。此联明言药、花、虫、鸟，暗寓奈何不了我，我将平安回家，很快就会官复原职。可叹慈禧心狠手辣，囚光绪，逃康梁，谭等六人被杀，黄亦复职无望矣！）

骑青牛，过函谷，老子姓李

斩白蛇，入武关，高祖是刘

（清代四川举人刘乃香同河南举人李元度互问姓氏逗笑联。出句明言春秋时骑青牛、过函谷的道教创始人，人称“老子”的李聃，暗寓老子我姓李。对句明言秦末斩白蛇、入武关、灭秦立汉、号称“汉高祖”的刘邦，暗寓高祖我姓刘。相对一笑，而成知己！）

不嫌文丑

只爱颜良

（清代广州乡试时，主考徐花农贪赃枉法，以貌取人，考生题此联讽之。此联明言三国武将文丑、颜良；暗寓不管文才多么丑陋，只要貌美贿多就照取不误。）

稻粱菽，麦黍稷，许多杂种，不知谁是先生

诗书易，礼春秋，都是正经，何必问及老子

（清代塾师对文痞。出句明言稻谷、高粱、豆类、麦子、玉米、谷子混杂之种子，不知谁先生根发芽；暗骂塾师是“杂种先生”。“杂种”乃骂人非其父之子，是其母和别人偷情所生。对句明言《诗经》《汉书》《易经》《礼记》《春秋》都是正规经典，何必去问道教创始人老子李聃；暗寓你问你爹老子我就是。古代文人讥讽斗骂，机巧含蓄。）

行到七秩尚称童，可谓寿考

到老五经犹未熟，不愧书生

（清代老童生对老书生。“秩”为十年之代称。“寿考”指高寿。“五经”即诗、书、礼、易、春秋五部经书。“童生”“书生”均为古代小学生之代称。出句明言七十高寿还是童生，讽其老考不中秀才。对句则讽其学业生疏才叫书生。）

洗青菜，去黄叶，不要先生

切西瓜，吃红瓤，应留老子

（清代秀才罗元游学求职，遇一妇人在河边洗菜，问其请不请家庭教师，妇人以不要菜先生出来的黄叶即景出句试才，对句却以吃瓜留子相对，妇人仰其才，聘其为堂师教幼子读书。）

汉陈平，晋谢安，四方镇定

辛弃疾，霍去病，六脉调和

（此联明嵌四人名：陈为汉代丞相，谢为晋代将军，辛为南宋词人，霍为西汉将领。其实这是古代边关将士写信向家人报无疾无病、平安无忧联。）

关羽可知红颜薄命

曹操却是白面无常

（网络联。关羽红脸，曹操白脸，此乃二人在戏剧中之形象。古称漂亮女人多短命而死，称作“红颜薄命”。白面无常为吊死鬼之称。）

断交书真如半幅绝句

分手信乃是一篇散文

（网络联。断交书、分手信自是断绝来往的绝情之句、分散之文，但“绝句”又是唐诗的一种格式，“散文”为文体的一种体型。）

摇破彩舟一片帆，皆因浪荡

烧残银烛两行泪，只为风流

（网络联。明言船帆因浪大荡破、烛泪因风吹而流，暗寓贪色胡为的“风流”“浪荡”之徒，必然要落个家破泪流的可悲下场！）

2．谐音双关联：

狗啃河上骨

水流东坡尸

（北宋才僧佛印、诗人苏东坡逗笑联。“河上”谐“和尚”“尸”谐“诗”。）

幸早哩，且从容

有急事，须当归

（北宋诗人苏东坡巧对刘贡父三果一药句。谐寓“杏、枣、梨、苁蓉，柚、橘、柿、当归。”珠联璧合，妙对天成。绝！）

道童锅里煎茶，不如罐煮

和尚墙头递酒，必是私沽

（明代画家陈道复对书画家唐伯虎。谐寓“观主”“寺姑”。）

寺姑田里担禾上

美女堂前抱绣裁

（明代才子沈石田对竹枝山。谐寓“和尚”“秀才”。）

一担重泥拦子路

两岸牵夫笑颜回

［明代书画家唐伯虎对农夫。“重泥”谐寓“仲尼”（即

孔子），“子路”“颜回”（二人为孔子的学生）。“牵夫”谐“庆父”为春秋时鲁庄公之弟，庄公死后，其二子均被庆父所害，致鲁国大乱，故有“庆父不死，鲁难未已”之语。]

二猿断木深山中，小猴子也敢对锯

一马陷足污泥内，老畜生怎能出蹄

（明代翰林学士解缙幼年对曹尚书。谐寓“对句”“出题”。）

莲子心中苦

梨儿腹内酸

（明代文学评论家金圣叹临刑前对儿吟。“莲”谐“怜”，“梨”谐“离”。）

岭顶苍松，久经风霜方刮老

池边春草，未逢雨露末后生

（明代才子莫奇十一岁对方国老。出句谐寓“方国老”风趣幽默；对句谐寓“莫后生”，谦恭有礼。）

风吹罗汉摇和尚

雨打金刚淋大人

（明代才子姚广孝同林御史逗笑联。谐寓“姚”“林”二字。）

钉鞋踏地泥麻子

皮袄披身假畜生

（明代倪秀才对文痞贾实斋。谐寓“倪”“贾”二字。）

下大雨，麦子管种

旱高地，田禾必干

（明代女婿对岳父。出句谐寓“夏”朝治水之“大禹”，春秋末年思想家之“墨子”，春秋时治国之臣“管仲”，对句谐寓“汉高帝”“田和”，殷商时因直言相谏而被殷纣王剖腹挖心之大臣“比干”。）

下大雨，恐中泥，鸡蛋豆腐留女婿

［明代岳父难女婿。谐寓“夏”朝治水之“大禹”、春秋末年儒学创始人孔子（字仲尼）、殷商妖姬“旦姬”、唐代诗人“杜甫”“刘禹锡”。千年无对。］

因荷而得藕

有杏不须梅

（明代礼部侍郎程敏政十岁对宰相李贤得佳配。谐寓“何”“偶”“幸”“媒”。机敏奇巧，自然贴切。妙！）

风坠雀巢，二三子连壳及地

雨打鸡屋，四五声锦膀啼鸣

（明代户部尚书年富幼年对塾师。谐寓“连科及第”“金榜题名”。）

孔子生舟末

光舞起汉中

（明代状元林大钦赶考途中对艄公。出句明言破孔在船尾，暗寓“孔子”出生在“周朝末年”。对句明言岸上灯光乱舞，暗寓“光武帝”起事于“汉中”。）

宝塔七八层，中容大鹤

皇历十二页，里记春秋

（明代扬州秀才罗万藻对知府。谐寓《中庸》《大学》《礼记》《春秋》四部古籍。）

脚穿芒鞋迎客，足下无履

手挚柳瓢作盏，尊前不盅

（明代南京钟山道人对凉国公蓝玉。谐寓“足下无礼”“君前不忠”。）

两船并行，橹速不如帆快

八音齐奏，笛清难比箫和

（明代神童陈恰八岁对其父。谐寓吴臣“鲁肃”、汉将“樊哙”、宋将“狄青”、汉臣“萧何”。）

塔内点灯，层层孔明诸阁亮

池中栽藕，节节太白理长根

[古代文人唱和联。谐寓三国时蜀国丞相“诸葛亮（字孔明）”、唐代诗仙李白（字长庚）。]

三天不吃饭，腹中无点屎

六月穿棉裤，胯下有汗淋

（相传，古代刘宁和周济二人为同窗学友。刘中典史、周入翰林后聚饮时逗笑联。谐寓“典史”“翰林”。趣乐横溢，令人捧腹！）

湖水涟漪，一碧深情，何不生莲

庭花烂漫，满园春色，怎可无梅

月朗星稀，今夜断然无雨

风寒露冷，明朝必定成霜

（清代才女李娥对王方。一联“莲”谐“怜”，“梅”谐“媒”；二联“雨”谐“遇”，“霜”谐“双”。）

挖莲郎，盘根摸梗寻佳藕

采桑女，摘叶留心等后生

（古代采桑女对采莲郎。谐寓郎“寻佳偶”，女“等后生”，心心相印，珠联璧合！）

荷败莲残，落叶归根成老藕

禾黄稻熟，吹糠见米现新粮

（古代老妻对老夫。谐寓“老偶”“新娘”。）

禾罪之有，定要秋后问斩

谷起勇气，只待初春重生

（网络联。寓谐“何”“鼓”二字）

（九）数字联

“数字联”，是指那些以数字为主体的联语。

数字联立意奇巧，或以数字展其貌，或以数字壮其威，或以数字概其史，或以数字抒其情，数字在这里大显神威，给人以美的感受和梦的遐思，令人趣乐盈怀，增知益智。

数字联的艺术形态多种多样，主要有数字联、同数联、递增联、递增递减联、数学联、数学谜联等等。例如：

1．数字联：

七零八落
九死一生

（当代诗人赵朴初十岁对其母。）

千峰拔地
万笏朝天

（吉林长白山“高山亭”联。“笏”为古代大臣们朝见皇帝时拿的手板。）

翻飞千寻玉
倒泻万斛珠

（山东济南历城“漱玉亭”联。“寻”：古代八尺为一寻。“斛”：古代十斗为一斛。）

云翻一天墨
浪蹴半空花

云卷千峰集
风驰万壑开

（古诗集句。）

声驱千骑急

气卷万山来

（浙江杭州钱塘江“观潮亭”联。）

兴败一知己

存亡两妇人

（安徽霍山韩侯岭淮阴祠联。西汉军事家韩信同萧何是知己朋友，前属项羽，后归刘邦，封为齐王。韩信贫困时得漂母一饭，得志后奉千金相报。汉朝统一后，韩被吕后串通萧何所害。十字概其史，妙！）

两表酬三顾

一对足千秋

（游俊题湖北隆中武侯祠三顾堂联。“两表”为诸葛亮题前后出师表。“三顾”为刘玄德三顾茅庐请诸葛亮出山。“一对”即隆中对。）

一扇千须动

三梳万发齐

（明代才子况钟幼年对县令。）

一诗二表三分鼎

万古千秋五丈原

（百岁书法家孙墨佛题武侯祠联。）

君妃二魄芳千古

山竹万竿泪一人

（湖南君山二妃墓联。舜帝南巡苍梧而死。其妃娥皇、女英在湘水君山望苍梧哭泣泪水洒竹成斑，故斑竹亦称“湘妃竹”。）

大翼垂天九万里

长松拔地五千年

（湖南长沙岳麓山联。）

七宝栏干千岁石
十州烟景四时花

（北京颐和园知春堂联。）

十朵莲花三尺水
一湾明月半亭风

（江苏苏州闲吟亭联。）

四面湖山三面柳
一城春色半城湖

（山东济南大明湖联。）

万树琪花千圃药
一庭修竹半床书

（江苏扬州东园春雨堂联。）

五六月间无暑气
千百年后有书声

（熊芬题湖北鄂城陶恒公读书堂联。）

千秋怀抱三杯酒
万里云山一水楼

（云南昆明大观楼联。）

两树梅花一潭水
四时烟雨半山云

（顾庆题云南昆明凤鸣山黑龙潭联。）

半湾活水千江月
一粒沉沙万斛珠

（清代书画家郑板桥题。）

太极两仪生万象
春晓一刻值千金

（清代大学士纪晓岚幼年对友人。）

一门父子三词客

千古文章四大家

（戴熼题四川眉山三苏坟联。“三词客”即宋代词人苏洵、苏辙、苏轼父子三人。四大家即：韩愈、柳宗元、欧阳修、苏氏父子。）

四方览胜无双地

三孝流芳第一池

（四川孝泉姜公庙联。）

付出九牛二虎力

不作七拼八凑文

（当代作家老舍自勉联。）

三千里外一条水

十二时中两度潮

（契盈题浙江杭州“碧波亭”联。）

三面湖光，四围山色

一帘松翠，十里荷香

（杭州“三潭印月”联。）

蹉跎岁月，五旬有三

补报朝廷，万分无一

（明代老僧对朱元璋军师刘伯温。）

先我两年，后我四日

送君千里，愿君百康

（清代范当世贺友朱辑斋五十大寿联。）

宝塔尖尖，七层四方八面

玉手摇摇，五指两短三长

（北宋才子苏东坡督学杭州对考官。）

三五人可作千军万马

六七步走遍四海九州

［清代刘墉对乾隆（戏台联）。］

孤舟只桨片帆，游遍五湖四海

一塔七层八面，观尽万水千山

（古代文人唱和联。）

一百八计钟声，唤起万家春梦

二十四番花讯，吹香七里山塘

（江苏苏州虎丘花神庙联。）

当代需人才，正望着岣嵝峰七十二般云气

自家定功课，莫等它清凉寺一百八记钟声

（衡山书院联。）

收二川，排八阵，七擒六出，五丈源上，四十九盏明灯，一心只望酬三顾

抱孤子，出重围，匹马单枪，长坂坡前，数百千员上将，独我犹能保两全

（武侯祠联。以赵子龙对诸葛亮，亦属难能可贵。）

日月同明，报十二时吉祥如意

天地合德，庆亿万年富贵寿康

（清代光绪十六年（1890年）光绪皇帝举行结婚典礼时，英国女王送一自鸣钟，上刻此联。英国女王用中文题联送中国皇帝，令人拍案叫绝！）

八十日带发效忠，表太祖十六朝人物

十万人同心赴义，存大明一百里江山

（江苏江阴阎典史祠联。）

十里春风，长安两路（出句）

千年晓月，永定一桥（对句）

一场冬雪，肇庆千家（对句）

三军热血，保定一方（对句）

三秋桂子，独秀一峰（对句）

千秋功业，重庆一堂（对句）

（1983年中央电视台征联选。中嵌地名。）

一代英豪，九州生色（出句）

八年业绩，四海归心（胡加奇对）

八方锦绣，四季呈祥（翟鸣放对）

（1984年中央电视台征联选，联中嵌“一九八四”。）

兆民双手，共开九城千秋业（夏羲对）

万众一心，同绘八闽四化图（出句）

（1985年《福建日报》迎春征联选。）

五福临门三星照

一统兴国两岸情

精选万紫千红商品

满足四面八方需求

2．同数联：

半醉半醒过半夜

三更三点到三河

（相传，此联为元代皇帝和宰相夜至三河时君臣对。）

七岁能书七字对

五年可读五车书

（宋代理学家吴必太七岁对丁逊。）

八千为春，八千为秋，八方向化八风和，庆寿诞，八旬逢八月；

五数合天，五数合地，五世同堂五福备，正嵩期，五十有五年。

（清代大学士纪晓岚贺乾隆皇帝八十大寿联。典出《庄子·逍遥游》：“上古有大椿者，八千为春，八千为秋”，后被引为寿词。《易·系辞》：“天数五，地数五，五位相得而有合。”《书·法苑》：“五福：寿、富、康宁、修好德、考中命。”乾隆八十岁，八月生，在位五十五年。此联奇巧之处还在于每句最后一个字还可以组成一副对联：“春秋和诞月，天地备期年”。因此很受乾隆皇帝赏识！）

五月五日，五弟怀揣五粽

三更三点，三嫂身抱三兄

（清代进士李调元幼年对三嫂。趣乐横溢！）

半边山，半段路，半溪流水半溪涸

一块碑，一行字，一句成联一句虚

（李调元游广东岭南时见一古碑上刻一绝句，人言宋代苏东坡也未对上。李曰：苏东坡早已对上了。人不解。李即吟出下句。真乃谦恭有度，才智超群！）

独岭孤山，一神像单枪匹马

隔河两岸，二渔翁对钓双竿

（相传，清代状元刘绛游江西吉安县望仙山关帝庙时题上句久无对。后来一渔翁对之。信手拈来，佳对天成！）

十一月十一日

八千春八千秋

（相传，清代文学家刘凤浩为人题寿联时，问其生日后便随手题了上联。寿星觉得无味。刘问其岁数后又题下联，寿星喜笑颜开。）

吃百姓之饭，穿百姓之衣，莫道百姓可欺，自己也是百姓；

得一官不荣，失一官不辱，休言一官无用，地方全靠一官。

——清、慎、勤

（清代县衙联。当官若能视百姓为衣食父母，为民而不欺民，为官一任，造福一方，真乃民之大幸也！）

称六太爷，上六旬寿，欣占六月六日良辰，六教相逢；曾听得张陆先生，大踏步闯进门来，口叫六哥还旅顺；

坐三年牢，陪三次斩，赚得三代三品封典，三生愿足；最可怜达三故友，小钱头不为咱洒，沉冤三字赴黄泉。

（清末武官龚照玙临阵脱逃，丢失旅顺，其庆六十大寿时，张陆送此联讽贼悼友，义烈惊天！）

一蓑一笠一髯翁，一丈长竿一寸钩

一山一水一明月，一人独钓一海秋

（山东青岛崂山太清池钓鱼台联。）

能干一事，便了一事

若要半文，不值半文

（清代县令对句讽知府。一针见血，入木三分。）

二河两岸双江口

单人独马一杆枪

（当代戏剧家田汉化古句对绝对。）

四次围剿，四面围剿，面山面水，面临绝境

三民主义，三自主义，自私自利，自取灭亡

（红军英烈赵赤坪被俘后不屈不挠雄对伪县长。）

三人三姓三兄弟

一君一臣一圣人

（关帝庙联。刘关张桃园三结义，后来刘玄德为君，张翼德为臣，关云长为圣。）

三塔寺前三座塔

五台山上五层台

（五台山联。）

十全十美结良缘　一心一意展宏图

百货百色，百问不厌　千客千意，千挑不烦

干一行，爱一行，钻透一行，当一行能手

想四化，盼四化，献身四化，做四化标兵

乘万里风，破万里浪，万山万水，万重艰险万重乐

有一分热，发一分光，一心一意，一寸光阴一寸金

3. 递增联：

懒弟子仰面数椽，一二三四五六七八九十

瞎先生低头算命，甲乙丙丁戊己庚辛壬癸

（明代神童张懋幼年对塾师。）

有三分水，四分竹，添七分明月

从五步桥，十步阁，望百步长江

（清代诗人黄遵宪题堂联。）

一阳初动，二姓克谐，庆三多，具四美，五世其昌占凤卜；

六礼既成，七贤毕至，奏八音，歌九如，十全无缺羡鸾和。

[古代贺婚联。“一阳”为冬至阴尽阳生。“克谐”为古文“克谐以孝，克谐能和”。“三多”为：多福、多寿、多男子。“四美”为：良辰、美景、赏心、乐事。“五世”为“祖、父、子、孙五世同堂”。“六礼”为：纳采（送礼说媒）、问名、纳吉（订婚）、纳证（送聘书）、请期（订婚期）、亲迎。“七贤”为嵇康、阮籍、山涛、向秀、阮成、王戍、刘伶。“八音”为金、石、土、革、丝、木、匏、竹。“九如”为山、阜、冈、陵、川、日之恒、月之升，南山之寿、松柏之茂。“十全”为十全十美。]

但愿和合百千万岁

为歌窈窕一二三章

（古代文学家吴恭亨贺汪占婚联。“和合”为古代传说有爱神满面含笑，一手持荷花，一手托圆盒，寓“和合团圆”之意。《诗·周甫·关雎》载：“窈窕淑女，君子好逑”，此诗共三章，寓爱恋到底之意。）

三竺六桥九溪十八涧

一茶二粉四碟五千文

（郁达夫在杭州西湖茶亭饮茶时即景吟上句，卖茶人对以下句。虽为结账口气，倒也工稳贴切，令人称妙！）

一一敬哥俩三杯，四四如意皆魁首

六六顺巧逢八仙，九九高寿满堂红

4．递增递减联：

一叶小舟，载着二三位秀才，走了四五六日水路，七颠八倒到九江，十分来迟；

十年寒窗，读了九八卷诗书，赶过七六五个考场，四次三番达二门，一定要进。

（相传，北宋才子苏东坡幼年赶考迟到对门卫。）

一孤舟，二客商，三四五六水手，拉起七八尺风篷，下九江还有十里；

十里远，九里香，八七六五号仓，虽走四三年旧道，只二日胜似一年。

（相传，明代状元罗洪先乘船去九江途中，船夫出句，罗无对。四百年后，1959年广东佛山装修工人李成翎对以下句，倒也难能可贵！）

一支粉笔，两袖清风，三尺讲台，四季晴雨，加上五脏六腑，七嘴八舌，九发十霜，教必尽力，滴滴汗水，诚滋桃李芳天下；

十卷诗赋，九章勾股，八索文思，七纬地理，连同六经五艺，四书三字，两雅一必，诲则倾智，点点心血，勤育英才泽神州！

（古代教师自勉联。竭智尽心，育才兴国，师之道也！）

万砖千瓦百工造成十佛寺

一篙二橹三人摇过四平桥

（古代文人唱和联。）

万紫千红，百花齐放

三江四海，五谷丰登

5．数学联：

七里山塘，行到半塘三里半

九溪蛮洞，经过中溪五溪中

一年二春双八月，人间两度春秋

六旬花甲再周天，世上重逢甲子

（北宋诗人苏东坡对宰相王安石。1061年闰八月，两个中秋；当年正月立春，腊月又立春，故曰两度春秋。“花甲”即六十岁人之代称，干支纪年法为六十年一循环。甲子年出生过六十年便又逢甲子年。）

五百罗汉渡江，岸畔波心千佛子

一个美人望月，人间天上两婵娟

（北宋才僧佛印对才女苏小妹。）

七鸭浮塘，数数三双一只

尺鱼跃水，量量九寸十分

（明代状元翁正春对阁老叶向高。）

一夜五更，半夜五更之半

三秋八月，中秋八月之中

（明代进士杨廷和八岁对其父。）

北斗七星，水底连天十四点

南楼孤雁，月下带影一双飞

（清代青楼才女对秀才。以影随形，巧妙自然！）

乾八卦，坤八卦，八八六十四卦，卦卦乾坤已定；

鸾九声，凤九声，九九八十一声，声声鸾凤和鸣！

（古代婚俗轿联。）

人生能有几何

恋爱切莫三角

（数学教师用数学名词谏恋人。）

爱情如几何曲线　幸福似小数循环

恩爱天长，加减乘除难算尽　好合地久，点面线体岂包完

解括弧，加因子，求得结果　过中点，作直线，直达圆心

今夜小数点对齐　明年大娃儿出生

今夜双合一铺　明年二变三人

（以上五联为数学教师贺婚联。）

大圆小圆同心圆，心心相印

阴电阳电异性电，性性相吸

（数学、物理教师贺婚联。）

为 XYZ 送了君命

叫 WFS 依靠何人

（英语教师挽数学教师联。上句中的三个英文字母为数学中的未知数；下句中的三个英文字母为妻子、父亲、儿子三个英语名词中第一个大写字母。将英文字母写进挽联中真乃奇思妙想，令人扼腕兴叹！）

三多斋，三元斋，三吉斋，三三如九九如斋

四物散，四逆散，四磨散，四四一六六一散

（古代长沙有四斋名，人以四药名对之。奇巧贴切！）

钟鼓二高楼，东西南北四大街，二四得八，八水绕长安，八百秦川通八极；

长江三奇峡，上下左右三名山，三三进九，九派流中国，九曲江涛贯九洲。

（1984年西安爱国储蓄征联选。魏建国对。）

6．数学谜联：

白首穷经，少伏生八岁

青云得路，多太公二年

（宋代梁颢82岁中状元后谢表联。伏生90岁得第；姜太公80岁辅周朝。）

花甲重逢，增加三七岁月

古稀双庆，更多一度春秋

（清代乾隆皇帝75岁寿诞时开“千叟宴”，见一寿星141岁，乾隆即兴吟上句；“花甲”为60岁人之代称；60×2＋3×7=141。大学士纪晓岚对句；“古稀”为70岁人之代称；70×2＋1=141）

意寄三松，何止于米

心怀四化，相期以茶

（北京大学教授冯友兰88岁生日自寿联。“米”字可拆为“八十八”；“茶”字可拆为“八十八加二十”。自信可活到一百〇八岁。）

（十）嵌珠联

“嵌珠联”，是指那些嵌有特定字词的联语。

“嵌珠”，本是古代文人吟诗唱和时把约定的字嵌在各句诗约定位置上的文字游戏，称作“嵌珠格”。嵌在第一字位的，称作“凤顶格”；嵌在第二字位的称作“燕颔格”；嵌在第三字位的，称作“鸢肩格”；嵌在第四字位的，称作“蜂腰格”；嵌在第五字位的，称作“鹤膝格”；嵌在第六字位的，称作“凫胫格”；嵌在第七字位的，称作“雁足格”。后来，有人就将这种嵌珠手法用于联语的创作之中，此类联语便称为“嵌珠联”。

嵌珠联，一般多是将要嵌的特定字词嵌在联语的首位（俗称“藏头联”），因为首位字词突出显明，引人注目。也有将特定字词分嵌在联语数个部位的；甚至还有人全用特定词语组联的，形式多种多样。

嵌珠联最常嵌入的是人名、地名、朝代名，也有嵌方位、季节、颜色的，还有嵌影、剧、书名、中药名、成语、词牌、干支的，五光十色，多姿多彩。

嵌珠联立意奇巧，趣乐横生，赏心悦目，增知益智。例如：

1．嵌人名联：

不合时宜，唯有朝云能识我

独弹古调，每逢暮雨倍思卿

（北宋诗人苏东坡挽侍女朝云联。嵌“朝云”“暮雨”二侍女名。）

露花倒影柳三变

桂子飘香张九成

（南宋女词人李清照一联惊四座。“柳三变”即宋代词人柳永，其《破阵子》词首句为“露花倒影”。“张九成”为宋代状元，其词中有“澄江泻练，夜桂飘香”句。此联语寓双关，既指人名，又寓水中柳影春呈嫩绿，夏呈青碧，秋呈白黄，三季三变；桂花飘香之日，便是花苞张开九成之时。生动形象，巧夺天工！）

史鉴流传真可法

洪恩未报反成仇

（明代礼部尚书洪承畴降清后，在其六十大寿时，一学生送此谐嵌其名联讽之。“史可法”为明末抗清名将，英勇不屈，壮烈殉国。史本可法，洪却降清与明为仇。此联让洪无地自容！）

香生玉茗春三月
光照临川笔一枝

（明代抚州秀才陈际泰对知府。嵌汤显祖“玉茗山人”“临川山人”称号。）

福业告终，只看卢前马后
崇基已毁，何劳东捷西沾

（明代百姓讥讽奸党卢德九、马士英、张捷、李沾联。）

嫩笋初生，几时等到林大茂
梅花开放，何日见过叶先生

（明代秀才林大茂十一岁应试对主考梅开先。此联用双关手法，“林大茂”既为人名，又指竹林茂盛。对句既言未见过梅树先生叶后开花，又巧嵌梅开先其名。）

艾自修，自修没自修，白面书生背虎榜
张居正，居正不居正，黑心宰相卧龙床

（明代宰相张居正在会试时因艾自修中的是末位进士，出句调笑，不料艾怀恨在心。张升任宰相后同皇妃偷情，被艾以下句密奏皇帝，张被罢官充军。调笑遭嫉，风流遭祸，前车之鉴，后人戒之！此联对仗工整，堪为佳作。）

孟春，季春，唯少仲
夏鼎，周鼎，独无商

（明代弘治丙辰科进士名单中有孟春、季春二人，文渊阁大学士李东阳即兴出句，意为春季三个月中正月为孟春、二月为仲春、三月为季春，故少仲。当时无人能对。由于名单中尚有夏鼎、周鼎二人，故又续出下句。意为殷商时三个强国为夏、商、周，故无商。奇巧贴切，堪为佳作。）

从明，从顺，从清，三朝之俊杰

纵子，纵孙，纵仆，一代超凡人

［清初吴山人讽恶吏金之俊（字超凡）。嵌字奇巧，讥讽强烈。］

人从宋后羞名桧

我到坟前愧姓秦

（清代杭州知府秦涧泉题岳飞墓联，巧嵌“秦桧”二字。秦姓子孙亦为奸臣秦桧的罪行而羞愧。）

老姜全无辣气

小李大有甜头

（清代顺天府乡试主考姜宸英、李蟠贪赃枉法，以钱取人，考生题此联讽之。顺治皇帝知道后，将姜下狱，将李流放。）

树绩毫无，只知藏污纳垢，细流同归于海

勋名安在，除却贪财好色，其余不足以观

［清代总督袁树勋（字海观）藏污纳垢，贪财好色，人题此联讽之。前嵌其名，后嵌其字，巧妙自然。绝！］

山本名香，何期野芷漫延，翻使香山成臭地

岭原是铁，只为柴干焰烈，可怜铁岭变飞灰

（清代广东香山县令柴芷野祸害百姓，人题此联指名道姓讽之。生动形象，入木三分。）

小住为佳，得小住，且小住

如何是好，欲如何，便如何

（清代杨卓夫赠爱妾“小如”联。三嵌其名，工稳自然。）

霜降遭风，四野难容老叶

元宵遇雨，万民皆怨初春

（清代广东县令叶初春祸害百姓，民怨沸腾，人题此联讽之。此联立意新颖别致，状物生动形象。欺民即欺天！物极则必反！益国益民民敬！祸国殃民民恨！贪官污吏自必身败名裂，不齿于人。）

王好货，不论金银铜铁
寅属虎，全需鸡犬猪羊

（清代百姓讽贪官县令王寅。“好货”语出《孟子·梁惠王下》“寡人有病，寡人好货。”饿虎扑食，贪态活现！）

不读书以超儒，士心皆冷
未通文而登选，人谓有钱

（清代贵州人冷超儒、钱登选不学无术，买官任教喻，主考乡试时，考生送此联讽之，二人畏罪而逃。此联立意新颖，构词奇巧，嵌名嵌姓，贴切自然。妙！）

之字路偏要你走
洞中怪且奈我何

（清代文人寄联讥讽湖北督军张之洞。）

以酒为缘，以色为缘，十二时买笑逐欢，永朝永夕酣大梦；
诚心看戏，诚意看戏，四九旦登场献媚，双麟双凤供销魂。

——江洋欲海

（清代两江巡抚德馨酷爱看戏嫖娼，江西新建县令汪以诚投其所好，不惜重金请名妓、名艺供其淫乐，人题此联讽之。后来此二人被革职查办。）

复生不复生矣
有为安有为哉

[清末，康有为题谭嗣同（字复生）墓联。康、谭均为清末戊戌变法主持人，变法失败后，谭等六人被慈禧杀害，康、梁逃往日本。此联以人名立意，既有醒世之反思，又有警世之发问，既哀悼挚友，又感叹自责，构思奇巧，堪为佳作！]

刘将军镇守台湾，应赐永福

李相辅出卖祖国，当罪鸿章

（清代人赞抗日英雄刘永福，骂卖国奸贼李鸿章。此联前嵌其姓，后嵌其名，爱憎分明，巧妙自然！）

道出真情，吃数万贯公款，便成巨富

生来怪物，买一两张洋报，自号通才

［清代湖南常宁官庄四壮汉抬联讽骂贪官谷道生（字通才）。］

都道我不如归去

试问卿于意云何

（清代两江总督曾国藩赠歌妓“如意”联。）

未免有情，对帐冷灯昏，一别竟伤春去了

似曾相识，怅梁空泥落，何时重见燕归来

（曾国藩赠歌女“春燕”联。）

原野屯其田，空劳碌碌

一江都是水，四顾茫茫

（古代屯田郎中劳原野同水官顾一江互讽联。不打自招！）

山中落日沉于涧

楼上观花都见心

（古代秀才沈于涧、杜见心逗笑联。）

此地非凡境，闲听一曲渔歌，留云久住

夕阳无限好，尤爱三更人静，待月归来

（相传，古代寺僧闲云与庵尼尤月私通，人题此联讽之。巧嵌其名，情景交融。妙！）

店主坐门招穷夫，来时万福，去时万福

龙王下诏求直谏，龟也得言，鳖也得言

（相传，古代店女对刁客孙得言。生动形象，讽骂奇巧，非才女莫能为！）

悲哉！秋之为气

惨矣！瑾其可怀

（挽秋瑾联。）

谭鑫培，谭小培，谭富英，祖孙三代，三代三生，衣钵真传，箕裘永绍；

言菊朋，言小朋，言慧珠，艺成一家，一家一业，声名远播，艺术高超。

（此为清末京剧界谭、言两家六大名人联。）

齐白石，傅抱石，老石少石，两石画坛齐突兀

许地山，欧阳山，前山后山，双山文苑互峥嵘

（清末画坛文苑四大名人联。）

艳色天下重

秋声海上来

（萧君题赠京剧表演艺术家程砚秋联。）

玉笛再吹，两次都成梦

梅花三弄，这回总是春

（1932年3月，成都华西大学教师董玉梅、王梦春二人第三次复婚时刘泉闵贺婚联。“玉笛”“梅花”出自唐代诗仙李白诗“黄鹤楼上吹玉笛，江城五月落梅花”。此联首尾各嵌二人名，暗寓有头有尾，白头偕老之意。再吹、三弄，生动传神！）

道义能担肩似铁

精神不动重如山

（1939年9月，文学大师郭沫若题赠张肩重。嵌字巧妙自然！）

余见余心乐，余心乐

雷打雷有声，雷有声

阳照阳升阶，阳升阶

[抗日战争时期，语言学家、江西师范大学教授余心乐到吉安后应邀任十三中语文教师，深受师生爱戴。学生自治会以双关“余”字（既为姓氏也为“我”）出句征联，本校教师阳升阶、学生雷有声对。工整贴切！]

孟光轧姘头，梁鸿志短

宋江吃败仗，吴用威消

（吴湖帆讽骂汉奸梁鸿志、吴用威联。上句典出《后汉书·梁鸿传》载：梁鸿、孟光夫妻齐眉举案、相敬如宾。此处却戏言孟光移情别恋、使梁鸿心灰志短，巧嵌梁鸿志之名。下句戏言《水浒传》中梁山泊寨主宋江打了败仗，使军师吴用威风扫地，巧嵌吴用威之名。此种奇巧构词手法，古今少见，堪为一绝！）

老舍老向凤子

胡风胡考龙生

（茅盾在一次文艺界名人集会时，一联嵌六位文艺家名字。）

素园陈瘦竹

老舍谢冰心

（老舍用翻译家丰素园、作家谢冰心、戏剧理论家陈瘦竹四人名组联。陈、谢二字又作动词用，表示陈列、感谢之意。）

列为无产者

宁不革命乎

（1939年4月，邓小平从西安去延安途中吟此联。明言大家都是无产者怎么能不革命呢，巧嵌马列主义缔造者之一列宁的名字。立意巧妙自然，大家拍手称秒。）

左舜生姓左不左，易君左名左不左，二君胡适，其于右任乎？

梅兰芳伶梅之梅，陈玉梅影梅之梅，双玉徐来，是言菊朋也！

（香港《大公报》征联，熊一鸥对。此联巧嵌八人名：左乃伪农林部长；易为诗人；胡为学者；于为民主革命家、书法家；梅乃京剧表演艺术家；陈、徐为影星；言为京剧老旦。问得奇巧，对得绝妙，切情切理，堪为佳作。）

乔木，胡乔木

其芳，何其芳

高晓声，梁晓声，操千曲乃晓新声

许怀忠，徐怀中，行万里亦怀域中

（中华人民共和国成立后全国文代会文人唱和联。）

英名盖世《三岔口》

杰作惊天《十字坡》

［作家田汉题赠京剧名丑盖叫天（原名为张英杰）联。］

秀雅之体，清亮之音

兰蕙其质，柳絮其身

（姚文蔚题赠蒲剧明星王秀兰联。）

三强韩赵魏

九章勾股弦

（1953年中国科学院院长钱三强率领赵九章、华罗庚、张钰哲等科学家出国考察途中在火车上华罗庚即兴出句。上句明言韩、赵、魏为战国时三个强国，暗寓座中之钱三强。当众人无对时，华又续下句，明言我国古代《九章算术》中的勾股弦定律，暗寓座中之赵九章。众人拍手称妙！）

章士钊，王世昭，姓不同，名不同，音相同，韵相同，同是文人分左右；

仇硕父，易实甫，时难并，地难并，诗能并，词能并，并为才子别明清。

（20世纪50年代香港报界征联选。章在大陆，王去台湾，仇为明代画家兼诗人，易为清代诗人。“左、右、明、清”四字贴切自然，妙！）

牛犇、牛百岁、牛得草，牛年同唱《春牛曲》

龙游、龙川江、龙门港，龙岁共奏《水龙吟》

（牛年征联选。牛犇为电影演员；牛百岁为电影《咱们的牛百岁》主演；牛得草为豫剧名丑。下句为浙江、云南、广东三个地名。）

碧野田间牛得草

金山林里马识途

（1983年春节前，中央电视台等单位征联选。语言学家王力对。碧野为作家，田间为诗人，牛得草为豫剧名丑，金山为电影演员，林里、马识途为作家。此联全用文艺界六位人名组联，立意奇巧！）

以下为网络联：

李花开太白

苏木长东坡

（巧嵌唐代诗人李白、宋代诗人苏东坡二人名。）

田汉田间张望关山月

林农林里远征流沙河

（张望、关山月为画家，其余六人为文学家、编辑、诗人。此联全用八个人名组成，生动形象，难能可贵！）

宋祖英为苗人凤也

岳鹏举乃赵子龙哉

（明嵌宋、苗、岳、赵四人名，实言宋为苗族人中的凤凰，岳乃宋代赵帝子民中的蛟龙。奇巧有趣。）

郭子仪平乱，安顺

杨家将守关，辽宁

（郭为唐代名将，平息了安史之乱。“安顺”既指叛贼安禄山降顺，又为地名；“辽宁”既指有杨家将镇守边关，辽邦宁静，又为省名。）

太白全集，李鸿章也

板桥精选，郑秀文哉

（明嵌李、郑二人名，实言《太白全集》乃诗仙李白的鸿章巨著，《板桥精选》为郑板桥的锦绣文章。妙！）

海瑞重责严嵩，汝贤否？

杜甫轻问玉环，子美乎？

[明嵌海瑞、严嵩、杜甫、杨玉环四人名，实言严、杜二人之字号（严嵩字汝贤，杨玉环字子美）。绝！]

笼中鸟，望孔明，想张飞，无奈关羽

钓上鱼，遭童贯，念宋江，求其施恩

（此联立意奇巧，幽默风趣。上联明言笼中鸟想张翅飞走，无奈被关着，暗寓三国名将孔明、张飞、关羽三人名。下联明言鱼被小童钓着，求其施恩把自己送回江中，暗寓《水浒传》中童贯、宋江、施恩三人名。巧！）

翠屏山有巧云，方显石秀

清风寨逢时雨，立现花荣

（此联巧嵌《水浒传》中翠屏山、清风寨两地名和潘巧云、石秀、及时雨宋江、花荣四人名。）

昭君出塞，毛画师未能延寿

貂蝉嫁人，吕将军焉可奉先

（此联巧嵌王昭君、画师毛延寿、貂蝉、三国吕布（字奉先）四人名。）

路人皆知，野心司马昭天下

邦国尽仰，大星诸葛亮人间

（司马昭为汉晋时魏帝曹髦属下大将军，独揽大权，一心篡位，曹气愤地说："司马昭之心，路人皆知也。"此联不仅嵌司马昭和蜀国丞相诸葛亮之名，而且巧将昭、亮二字作动词用，立意新颖，奇巧有趣！）

黄道婆衣被天下，原为织女

朱元璋牧放林中，本是牛郎

（黄道婆为我国元代女纺织家；明太祖朱元璋幼为牧童。此联以牛郎、织女立意，巧妙自然！）

一骑红尘妃子笑，马腾，杨乐

两朝开济老臣心，王平，孔融

（此联明嵌马腾、杨乐、王平、孔融四人名，实言唐代贵妃杨玉环骑马取乐；辅国老臣祈盼王朝平安而唯恐自己庸碌无为。用心良苦。）

长坂坡翼德智勇退曹军，张良也

甘露寺子龙忠诚护刘主，赵高哉

（上句明言三国蜀将张翼德是忠臣良将；又寓西汉时刘邦谋臣张良之名字。下句明言蜀将赵子龙武艺高强，又寓秦二世丞相赵高之名字。）

元好问，有学问，贵在好问（出句）

朱自清，能扬清，慎于自清（陈学平对）

贺知章，通文章，勤而知章（魏新田对）

（1986年河南镇平元宵节征联选。元好问为金代诗人；朱自清、贺知章为诗人。）

江流三峡水均益（出句）

道通二连路甬祥（局云峰对）

雪映百色梅艳芳（孟广震对）

（2004年中国科学技术协会、中央电视台、中国楹联学会“春天的聚会”征联选。既嵌人名，又嵌地名。）

玉宇神州龙腾虎跃　秀峦仙峰燕语莺歌

宏图大张龙飞凤舞　山清水秀鸟语花香

（嵌玉洲、秀峰、张宏、秀山四人名。）

2．嵌地名联：

梁山栽大竹，无须淋水

南浦人长寿，何惧酆都

（唐代诗仙李白十四岁对胡乡绅，各嵌川东三县名。妙！）

二华关大水

三城朝合阳

（明代陕西同州知府召众秀才撰联，要求把同州的潼关、华阳、华县、大荔、朝邑、蒲城、白水、澄城、合阳、韩城十县名嵌入联中。唯有才子李灌此联中选。）

暂借荆山栖彩凤

聊将紫水活蛟龙

（广西桂平金田村紫荆山学馆联。太平天国军师冯云山任馆师时撰。雄图壮志，溢于言表！）

密云不雨旱三河，虽玉田亦难丰润

怀柔有道皆遵化，知顺义便是良乡

（清朝大学士纪晓岚对乾隆皇帝。巧嵌北京密云、三河、玉田、丰润、怀柔、遵化、顺义、良乡等八个郊县名，切情切理，妙对天成！）

南雄梅岭乌猿洞

东莞茶山白鹤湾

（清代广东秀才游两地撰联嵌六地名。全用地名组联，工整贴切，难能可贵！）

山寨巍峨，虎豹鹿马环四面

江流浩荡，龟蛇鹤鹦列两旁

（学生游武汉时对黄陂绝句。黄陂四面有卧虎台、白豹山、鹿耳山、福马山；武汉长江两岸有龟山、蛇山、黄鹤楼、鹦鹉洲。生动形象！）

园门不紧，跳出孙悟空，活妖怪怎能善化？

湘水横流，浮来猪八戒，死畜生流落长沙！

（清末湖南善化县孙县令同长沙朱县令逗笑联。工整贴切，趣乐横生。）

博爱从吾好　宜春有此家

爱国爱民，玉树芝兰佳子弟　春风春雨，朱楼画栋好家居

（孙中山题广东梅山松口谢逸桥家“爱春楼”联。）

同声相应，同气相求，同人共乐千秋节

乐不可无，乐不可极，乐事还同万人心

（刘大鹏题山西太原晋祠“同乐亭”联。四嵌“同乐”，妙！交友应该志同道合，同心同德同奋斗，方可成就千秋大业；享乐须防乐极生悲，乐国乐民乐天下，才是高雅万世乐人。）

海宁产海盐

龙泉任龙游

（朱瑞同勤务兵唱和联。巧嵌浙江四地名。）

金男大，金女大，男大当婚，女大当嫁，齐大非偶

市一小，市二小，一小在南，二小在北，两小无猜

（四川成都侯宝璋同会计唱和联。抗日战争时期，南京金陵大学，金陵女子大学、山东齐鲁大学相继迁到成都，人称金男大，金女大、齐大。一小、二小为成都两所小学。此联巧嵌五校

名，自然流畅，幽默风趣。）

仁风店售韩康药

济世家传董奉心

（古代“仁济药店”联。上句典出东汉人韩康在长安卖药三十年，“口无二价”。下句典出三国时吴国人董奉在江西庐山为人治病从不要钱，只让病愈者植杏树一株，数十年中植杏十万株，又以杏换谷济民，后人便以“杏林”赞医德高尚。用典贴切，仁风济世，可钦！可敬！）

韬略终须建新国

奋飞还得读良书

（文学大师郭沫若题上海“韬奋图书馆”联。）

天作君师

门罗将相

（湖南大庸“天门书院”联。师才天高，生可将相。）

文章阐道德

石室蕴光辉

（湖北澎湖“文石书院”联。讲道阐德，前程辉煌。）

文章千古事

明德万年馨

（湖南永兴“文明书院”联。勤学立千古，明德香万年。）

德邻古善巷

山势小桃源

（湖南常德“德山书院”联。读书立德从善，乐如世外桃源。）

龙吐氤氲气

泉飞霹雳声

（云南昆明“龙泉书院”联。勤学龙气必浓，业就名声自高。）

桂林无杂木

山水有清音

（广西桂林“桂山书院”联。此院皆为桂子，学成自有清音。）

仰之，钻之，看颜子如何学圣

高矣，美矣，宜公孙望着登天

（湖南湘阳“仰高书院”联。专心学圣，立志登天。）

具真爱情，名人小说

生大智慧，近世新闻

（四川成都“爱智书报社”联。）

云从天出，天然奇峰天生就

月照台前，台牛胜景台上观

（浙江“天台山”景区联。三嵌“天台”二字。巧妙自然。）

陶潜善饮，易牙善烹，烹饮有度

陶侃惜寸，夏禹惜分，分寸无遗

（广东“陶陶居茶楼”联。嵌“陶陶”二字。陶潜为东晋诗人，善饮；易牙为春秋时齐国大臣，善烹；陶侃为东晋武将，曾言：“大禹圣者，乃惜分阴；至于众人，当惜寸阴。”）

汾水有源酿美酒

江山无恙醉名楼

（广西邕城“汾江酒楼”联。首尾巧嵌“汾江酒楼”四字。妙！）

飞过烟云疑化石

仙参星斗尚留坛

（湖南衡山“飞仙石坛”联。前后巧嵌“飞仙石坛”四字。

妙！）

天高地厚千年业
源远流长万载基
酱佐盐梅调鼎鼐
园临长安胜蓬莱

（清代王续题“天源酱园”联。两联四句首嵌“天源酱园”。）

水映楼台天映碧
廊回亭榭柳丝长

（于海洲题沈阳“碧水长廊”联。首尾回嵌“碧水长廊”。妙！）

如此美味如此酒
意中风月意中楼

（古代“如意酒楼”联。双嵌“如意酒楼”。妙！）

半盏、半瓶，半醉半醒，偷得半日清闲，也算人生半乐；
仙侣、仙朋，仙肴仙酒，招来仙妃共饮，胜似天上仙家。

（吴士萱题“半仙乐酒家”联。六嵌“半仙乐酒家”。绝！）

比洪崖胜地如何？听暮鼓晨钟，云来云去空渺渺；
有椿树撑天不老，任风刀霜剑，花开花落自年年。

（四川眉山“洪椿坪”联。嵌“洪椿”二字。）

寺镇牟尼青色宝
塔飞舍利紫霞光

（四川新都“宝光寺舍利塔”联。分嵌“宝光寺舍利塔”六字。）

东不管，西不管，酒管
兴也罢，衰也罢，喝罢

[阮籍（竹林七贤之一）题江南“东兴酒馆”联。不管世事

兴衰，只知饮酒作乐，贤人？闲人？贵人？废人？]

月下独斟，玉液出瓶杯涌雪

灯前共饮，琼浆入口面生花

（辽宁沈阳“雪花啤酒厂”联。嵌“雪花”二字。）

万药尽灵丹，救人千百万

华行扬国萃，兴我大中华

（陈仲贤题美国旧金山“万华药行”联。此联首尾连环，两嵌“万华”二字，巧！济世无国界，怀祖有丹心！）

荣祖荣先，四季色香调鼎鼐

乐山乐水，八珍美味协阴阳

（美国纽约唐人街“荣乐园”川菜馆联。）

华胄扬威传国粹

林侪武技震异邦

（美国旧金山华林寺国术总会联。杨中华武术，振神州国威！）

阳光涵万里

和气普同仁

（美国旧金山“阳和会馆”联。）

沧海风清，五彩晨光融碧水

轻鸥影动，一犁春雨润红泥

（徐长鸿）

海润滨城，碧水甘泉当入户

鸥迎远客，青泥翠港可安家

（李士民）

听碧海高歌，楚水关山皆入梦

看银鸥漫舞，乡泥故土总萦怀

（任德永）

碧海扬波，凉水湾万事沧桑，鬼斧神工留胜迹
银鸥振羽，青泥浦百年兴替，人和地利展雄图
（韩树彬）

海涌大连湾，集万家商贾，鼓浪扬帆过五洋，乐向源头看活水
鸥鸣广鹿岛，邀九域宾朋，征联求偶通三昧，欣从鸿爪觅新泥
（王有钦）

（以上五联为1982年大连“海鸥杯”为“海鸥水泥厂”征联选。每联各嵌“海鸥水泥”四字。）

十方嘉义嘉兴，香港普宁迎日照（关鼎文对）
五羊琼海琼山，花县广丰迎凤庆（季良锟对）
九原常熟常宁，寿县保康皆德化（林启瑞对）
八闽永春永泰，福州长乐似仙游（出句）

（1986年福建迎春征联选。全用地名组联。绝！）

金装银饰领新潮，风流独揽（出句）
玉带锦衣驰美誉，义利同来（黄飞对）
近悦远来通大道，名利双收（胡吉祥对）
地利天时开泰运，福泽携来（程步云对）

（1992年中国楹联学会“金利来杯”为金利来珠宝行征联选。联中各嵌“金利来”三字。）

石琢贺兰，嘴唾丽珠，山藏瑰宝，市列奇珍，塞上煤城真福地；
榆生宁夏，树环峻岭，沟产乌金，人怀大志，窿中高手尽雄才。

（1994年宁夏石嘴山市楹联学会和榆树沟煤矿“乌金杯”征联选。刘名亚对。此联以实言实，实中寓巧，上联巧嵌“石嘴山市”，下联巧嵌“榆树沟人”。妙！）

来者可亲，座迎新雨（出句）
今宵当醉，月上东轩（单人耘对）

（1995年北京“来今雨轩杯”征联选。首尾巧嵌“来今雨

轩”酒店名。妙！）

南安庆，北安庆，南北安庆安延庆（出句）

东乐平，西乐平，东西乐平乐广平（刘诗明对）

东顺平，西顺平，东西顺平顺昌平（程之远对）

（1995年安徽潜山“天柱杯”征联选。各嵌三地名。）

满门出门旅游，由焦作坐火车，东到山东，东海向东赏旭日

阖家离家度假，从郑州乘飞机，南至海南，南山朝南访观音

3．嵌朝代名联：

双锏打出唐世界

单鞭撑住李乾坤

（唐太宗李世民撰。）

灯明月明，大明一统

君乐臣乐，永乐万年

（明代永乐年间六岁神童彭印山对明成祖朱棣。）

清风有意难留我

明月无心自照人

（明末清初思想家王夫之拒任清官隐居自勉联。明言清风明月，暗寓明清两代。其“不易装，不剃发，不侍清，不离家”被誉为“南国儒林第一人”。）

顺泰康宁雍然乾德嘉千古

治平熙世正是隆恩庆万年

（清代嘉庆皇帝寿诞命朝臣题联贺寿，新科状元李绍仿一联胜众臣。此联立意奇巧，将清朝五代年号“顺治、康熙、雍正、乾隆、嘉庆”融入一联之中，插入“泰平、宁世、德恩、千古、万年”等吉祥喜庆词语，自然流畅，工稳贴切，简明突出，堪为绝世佳作。）

4．嵌季节、方位联：

东塔寺和尚，坐北朝南吃西瓜

春水庵尼姑，自冬而夏穿秋衣

（北宋诗人苏洵题杭州嘉兴南湖真如教寺煮雪亭联。）

手持夏扇，身穿冬衣，不识春秋

口食南禄，心怀北阙，少件东西

（明代万历年间，太监孙隆出巡，一秀才误撞前导，孙出句讥讽，秀才对句骂之。太监为阳物被阉割后在皇宫中服务的男人，故讽其少件东西。）

红白相间，醉后不知南北

青黄不接，贫来卖了东西

（明代苏州通判和吴同知逗笑联。）

有月即登台，无论春秋冬夏

是风皆入座，不分南北西东

（明末戏剧理论家李渔扬州桃花寺译经台上对方丈。）

南通州，北通州，南北通州通南北

东当铺，西当铺，东西当铺当东西

（清代大学士纪晓岚对乾隆皇帝。“东西”二字既言物品，又寓方向。此联立意奇巧，对仗工整，自然流畅，堪为佳作。）

既住一街两巷，彼此何分南北

再要七嘴八舌，那就不是东西

（清代老翁劝和联。“东西”二字既指人品，亦寓方向。好亲不如近邻，邻里相处，和谐是福。）

四面灯，单层纸，辉辉煌煌，照亮东西南北

一年学，四吊钱，辛辛苦苦，历尽春夏秋冬

（清代老塾师对县令郑板桥。出句吟灯笼，意在试才，对句叹劳苦，挚情感人。）

一条大路通南北
两间小店卖东西

（清代广东才子宋湘题小店联。）

两间东倒西歪屋
一个南腔北调人

（清代才子归云恭自勉联。）

登楼观南北
行路吃东西

（清代神童李士彬春节拜年对塾师。）

四季秋冬春夏
八字年月日时

坐北朝南吃西瓜，皮往东放
自前而后看左传，书向右翻

冬夜灯前，夏侯氏读“春秋传”
东门楼上，南京人唱“北西厢”

（以上三联为古代文人唱和联。）

搭东台，唱西游，南腔北调
耕春田，种夏禾，秋收冬藏

（戏台联。）

此是东坡旧居，应有文光联北斗
恰与西湖对峙，长流诗境到南州

（广东惠州合江楼联。）

北客南来，看日影西斜，谁为东道
冬冰夏解，观主人春色，难打秋风

（清代才子王闿运与友逗笑联。“东道”为待客之主家。“打秋风”为白吃白拿。）

一座庙，二僧人，出三界，遁五行，衣百纳，行千里，度八方，由秋到冬历春夏；

白塔街，黄铁匠，生红炉，烧黑炭，冒青烟，闪蓝光，淬紫铁，坐北朝南打东西。

（古代铁匠对游僧。）

红烛高照，辉辉煌煌，亮遍东西南北

绿帘低垂，欢欢喜喜，共度春夏秋冬

（古代洞房花烛夫妻对。）

春夏秋冬成一岁

东西南北分四方

（邓中夏十岁对塾师。）

游北温泉，吃西瓜，吴南轩做东

至上清寺，请下车，于右任转左

（于右任和郭沫若去北碚同复旦大学校长吴南轩共议国共合作联合抗日之事，因天热吴买西瓜待客时即兴吟上句，当场无对。事毕，乘公共汽车返渝至上清寺时，乘务员招呼乘客："到上清寺的乘客请下车"。郭即兴对出下句。切景切情，妙对天成！）

一池春夏秋冬水

满园东西南北花

（周济仁题河南郑州黄河游览区梅花池联。）

大江南北，乘东风，大军西进

伟略古今，无外典，伟业中兴

（2001年第二届对联王网络大赛联。康斯馨对。）

南水北调，南北同滋润

西电东输，西东共辉煌

春夏秋冬，一年川流不息
东西南北，四方宾至如归

东西南北中，和谐安定创大业
工农商学兵，齐心协力奔小康

5. 嵌节气联：

端门北，午门南，朝廷赐宴于端午
春榜先，秋榜后，科场取士在春秋

（明代进士沈应端午宴上对明太祖朱元璋。出句奇巧！“端午”既指端午节，又指宴席设在端门和午门之间。绝！）

端午午时人赏午
立春春日客游春

（端午节是我国一个传统节日，吃粽子，祭屈原；插艾叶，立爱心；喝雄黄酒，防时疫。立春后，踏青游春，尽兴怡情。）

上旬上，中旬中，朔日，望日
五月五，九月九，端阳、重阳

（明代翰林学士谢缙对友人。立意构词，巧妙自然。）

四野绿荫迎夏至
一庭红雨送春分

（绿荫迎夏，凉快！红雨送春，清爽!）

霜降如小雪
春分不大寒

（上句一“如”字，绘出秋末冬至景，下句一“不”字，描就冬尽春归图！）

二月春分，八月秋分，昼夜不长不短
三年一闰，五年再闰，阴阳无错无差

（二八月，春秋分，昼夜相等。三五闰，农历学，增知益智。）

风起大寒，霜降屋檐成小雪

日照端午，清明水底见重阳

（一联嵌六节，才智机敏；两句绘双图，生动形象。）

一犁耕破田中土，明日芒种

双手捧住炉内火，今夕大寒

（农夫仗犁耕田，忙耕忙种，勤！书生抱炉取暖，不书不读，懒！）

6．嵌颜色联：

（1）同色联：

红灯笼，插红烛，红光满地

黑铁铳，装黑硝，黑气冲天

（清代桐城文人方苞对秀才。生动形象。）

白鹤峰前，白鸡啼白昼，白发老人挑白菜

黄泥岗上，黄犬吠黄昏，黄毛童子牧黄牛

（清代安徽枞县文人唱和联。此联五嵌“白、黄”二色，好一副山村风情画。）

白店白鸡啼白昼

黄村黄犬吠黄昏

（清代诗人戴淑伦幼年对塾师。）

赤面秉赤心，骑赤兔追风，驰驱时不忘赤帝

青灯观青史，仗青龙偃月，隐微处无愧青天

（湖北当阳玉泉山显烈祠联。三国蜀将关云长对蜀主刘玄德忠心耿耿，情深义重，感天动地。）

白云白鸟飞来去

青山青史自古今

（香港青山禅院海月亭联。）

青灯不负青云志
赤县常怀赤子心

孝子放羊上雪山，白、白、白
关公骑马过赤壁，红、红、红

江中鹭鸶衔银鱼，鱼白、鸟白、水白，白、白、白
井下毛驴驮乌煤，煤黑、驴黑、窑黑，黑、黑、黑

（2）异色联：

素耳银蹄白玉兔，望明月，卧在青草塘边；
乌须黑爪紫金龙，驾祥云，飞过碧波渡口。

（明代大臣李因培主考江南对学子。）

沼内种莲，藕白、花红、叶绿
田中长稻，秧青、苗翠、谷黄

（明代才子沈石田对祝枝山。）

炭黑火红灰似雪
谷黄米白饭如霜

（明代神童杨慎幼年对弘治皇帝。）

使君子花，朝白、午红、暮紫
虞美人草，春青、夏绿、秋黄

（清代江苏镇江金山寺小和尚对知府。观察细腻，状物形象，非护花使者莫能为!）

墨
泉

（相传，清朝文宗皇帝出句，朝臣多以笔、纸、砚相对，帝不悦。后来有人以“泉”字相对获嘉奖。“墨”为黑土，“泉”为白水；上以白对黑，下以水对土，工稳贴切，巧妙自然，堪为绝世佳作。）

绿水搅黄泥，红火黑烟，烧出青砖白瓦；

翠湖凌紫阁，丹梁碧栋，俨浮玉殿金宫。

（清代广东神童黄策行十一岁对塾师。出句言砖瓦窑，生动形象；对句绘紫阁景，俏丽辉煌。）

黑林铺出白日鬼，红眉绿睛，黄大嫂青眼看见；

金马寺现银龙驹，铜鞍铁凳，锡老汉铅手拉着。

（清代黑林铺铁匠对秀才。“青、铅”二字谐“亲”字。寻趣斗乐，趣乐逗人。）

泪酸血咸，悔不该手辣口甜，莫道世间无苦海；

金黄银白，但见了眼红心黑，岂知头上有青天。

（安徽省定远县城隍庙联。相传：定远县令抓获一杀人越货强盗，屡审不供。后县令扮作阎王，在城隍庙中阴审，方才招供。因此，县令撰此联警示世人。）

胸中乌黑嘴明白

腰际鹅黄顶暗蓝

［清臣梁章钜对翰林果益亭。清代一皇室宗亲官居四品（蓝顶），无才无德，却巧舌善辩，梁、果唱和讽之。］

一条红裙铺绿水

三个黑汉下黄州

（相传，清代麻城秀才王五玉到黄州应试前在岸边见一姑娘下河洗衣，三个浪荡秀才尾随相戏。女言：既来应试，我先出一联，如能对上则中举有望，并随手将一条红裙铺入水面，令对。三人无言以对。王在岸上高吟此联讽之。众人笑声一片。）

鹅黄鸭绿鸡冠紫

鹭白鸦青鹤顶红

（古代染坊联，全以禽鸟状色，生动形象。）

满园桃李红间白

两行杨柳翠绕青

（清代才子汪先达对县令。）

不教白发催人老

自有黄花晚节香

（任桐题湖北武昌琴园菊黄园联。白发不老，晚节飘香。）

痛恨绿衣兵，假称青天白日，黑暗沉沉埋赤子；

克服黄安县，试看碧云紫气，苍生济济拥红军。

（1927年11月13日，董必武组织黄安起义成功后，书法家吴兰阶题此联庆贺。以色喻世，生动形象，爱憎分明！妙！）

穿紫云金霞，双双银翼高飞，白鹞鹰抛下碧眼佬；

保蓝天绿海，尊尊火炮齐射，黑老鸦翘起红尾巴。

（抗美援朝战争中，中国人民志愿军击落美机庆贺联。如诗如画，切景切情，妙！）

喜逢百年中兴，看十年规划，八五宏图，四化千秋，三通两制，海陆九洲欢，万众同歌迎七一；

正值金花怒放，仰翠柏精神，墨荷雅兴，紫藤绿柳，玉竹银山，橙黄赤日照，苍生不老着丹青。

（1991年全国楹联界纪念中国共产党建党七十周年征联选。张定才对。出句以十三个数字状中兴，迎党庆，用心良苦！对句以十三种颜色绘宏图，抒壮志，才智不凡。）

半联七字，桃红李白杨柳翠

一屏三色，麦青豆绿菜花黄

7. 嵌影、剧、书名联：

《琼林宴》后《千钟禄》，《招赘》《女状元》，《花魁独占》《白玉带》；

《汾河湾》边《万里缘》，《教子》《双官诰》，《墙头马上》《黄金台》。

（清代《聊斋志异》作者蒲松龄对进士周登科。原联无双括号，余加之，以便观赏，后同。）

译著尚未成书，惊闻星殒，中国何人领《呐喊》？

先生已作千古，痛忆旧雨，文坛从此感《彷徨》！

（作家姚克挽文豪鲁迅联。）

踏《莽原》、刈《野草》《热风》《奔流》，一生《呐喊》

痛《毁灭》、叹《而已》《十月》《噩梦》，万众《彷徨》

（1936年10月《晨报》副刊编辑孙伏国用鲁迅所著书名和所主编的刊名挽鲁迅。）

燕山磊落

夜话千秋

（画家李苦禅挽邓拓。分嵌《燕山夜话》。）

飞雪连天射白鹿

笑书神侠倚碧鸳

（当代名作家金庸撰自己十四部作品首字联。其作品为《飞狐外传》《雪山飞狐》《连城诀》《天龙八部》《射雕英雄传》《白马啸西风》《鹿鼎记》《笑傲江湖》《书剑恩仇录》《神雕侠侣》《侠客行》《倚天屠龙记》《碧血剑》《鸳鸯剑》等。真乃奇人奇才，奇智奇思，奇文奇联，奇惊天地，妙泣鬼神，空前绝后，独树一帜。）

惊变埋玉，洛水神悲生死恨

还巢失凤，游园遥想牡丹亭

（许姬传挽言慧珠联。巧嵌《惊变》《埋玉》《洛神》《生死恨》《凤还巢》《游园惊梦》《牡丹亭》等七剧名。此为言慧珠生前主演过的主要剧目。）

妙韵起神州歌飞海外

奇葩开澳土春满梨园

（2006年9月17日河南电视台《梨园春》栏目“梨园飞歌”赴澳大利亚悉尼歌剧院演出征联选。巧嵌“梨园春”和“梨园飞歌”。构词奇巧，情景兼融。妙！）

《金沙江边》《花枝俏》
《云雾山中》《万木春》

《挺进中原》《车轮滚滚》
《突破乌江》《春雨潇潇》

《解放石家庄》《车轮滚滚》
《智取威虎山》《红旗飘飘》

《瑶山春》《漓江春》《春归红楼》
《牧马人》《填海人》《人到中年》

《志同道合》《杜十娘》称《如意》
《妇唱夫随》《刘三姐》遇《知音》

《渔岛之子》《扬帆》《试航》《乘风破浪》
《英雄儿女》《拼搏》《创业》《耕云播雨》
《悲惨世界》《梦幻世界》到处《刀光剑影》
《甲午风云》《辛亥风云》震撼《万水千山》

8．嵌中药名联：

独活灵芝草
当归何首乌

（唐代湖北沙头镇“百草堂药店”主人杜甫题。）

湘子吹漂硝，弹枇杷，唱神曲，声声龟板；
将军使巴戟，过常山，征木贼，阵阵雄精。

（明代兵部尚书于谦对翰林刘球。）

刘寄奴，插金簪，戴银花，比牡丹芍药胜五倍，从容出阁，含羞倚望槟榔；

徐长卿，持大戟，跨海马，与木贼草蔻战百合，旋复回朝，车前欲会红娘。

一身蝉衣，怎进将军府

半枝木笔，敢书国老家

扶桑白头翁有远志

淮山红孩儿不寄生

（明代才子巧对“永和堂药店”掌柜得佳偶。）

破故纸糊窗，防风不得

黑牵牛过岭，滑石难行

（明代诗人黄庭坚对苏东坡。）

牵牛精耕生熟地

天仙巧绣金银花

（古代山西太原“大宁堂药店”联。）

神州到处有亲人，不论生地熟地

春风来时尽著花，但闻藿香木香

（北京药店联。言辞恳切，情景交融。）

春暖带云锄芍药

秋高和露种芙蓉

（古代春云、秋露唱和联。）

命未当归岂没药

病如续断谨防风

益母忘忧，半夏合欢旋复

宜男远志，迎春含笑当归

（古代药界文人全用中药名写信致母报归期。难能可贵！）

白头翁，骑海马，赴常山，挥大戟，怒战草蔻百合，不愧将军国老；

何首乌，驾河豚，入大海，操仙茅，杀退木贼半夏，堪称长卿仙人。

青可吃，药可吃，膏药岂可吃

脾好医，气好医，脾气不好医

（古代医药界文人唱和联，以药逗笑，风趣幽默。）

灯笼笼灯，纸壳原来只防风

鼓架架鼓，陈皮不能敲半下

（清代江夏知县对尚书。）

白头翁骑海马，身披穿山甲

红娘子坐车前，头戴金银花

厚朴待人，使君子常存远志

从容处世，郁李仁敢不细心

菊花红花金银花，花开华夏

丁香茴香广木香，香满湘江

将军身套穿山甲，不怕川芎

木贼背披地骨皮，何惧巴戟

9. 嵌成语联：

杜鹃花里杜鹃啼，有声有色

蝴蝶梦中蝴蝶舞，无影无形

（宋代神童王伯广幼年对塾师。出句鸟语花香，声色俏丽；对句梦幻缥缈，切景切情。）

天作棋盘星作子，日月争光

雷为战鼓电为旗，风云际会

（明太祖朱元璋同军师刘伯温唱和联。豪情壮志冲云天。）

东风吹倒玉瓶梅，落花流水

朔雪压翻苍径竹，拖叶带泥

（明代才子唐伯虎、祝枝山唱和联。自然贴切，生动形象。）

顽童无知，骑父作马

慈父有德，望子成龙

（明代神童商辂六岁对主考。才智机敏，神童神矣！）

有志者，事竟成，破釜沉舟，百二秦关终属楚；

苦心人，天不负，卧薪尝胆，三千越甲可吞吴。

（清代文学家蒲松龄落第自勉联。失败乃成功之母，志坚则伟业必兴。）

袖里笼花，小子暗藏春色

堂前悬镜，大人明察秋毫

（清代改良派首领梁启超十岁对其父。才思机敏，趣乐横溢！）

大丞相借花献佛

小女子为国捐躯

（清代“筹办妓捐”时，人题此联讽之。“佛”指慈禧，号称“老佛爷”。）

得一文天诛地灭

循一情男盗女娼

强盗装佛像，贼形难看

阎王出告示，鬼话连篇

（相传，清代一县令贪赃枉法，徇私舞弊，却在县衙里贴着上联。有知情者问之，答曰：“得非一文，循非一情”。于是，知情者便题下联讽之。生动形象，入木三分。）

赵中贵指鹿为马

齐尚书以羊易牛

（清代百姓讽骂齐尚书、赵宦官联。上句典出《史记·秦始皇本纪》：丞相赵高指鹿为马，欺君压臣。对句典出《孟子·梁惠王·上》：齐宣王不忍杀牛，以羊易之。）

能烟能酒能扯皮，也能钩心斗角

善吹善拍善钻营，更善舞弊徇私

（清末百姓讽贪官污吏。钻营小人，丑态如画！）

半岭建半屋，岂可半途而废

大人办大事，毕竟大器晚成

（相传，清代一才子途中见山岭上新建半屋废停，题上句感叹。老农见句后，拼力将半屋盖成。才子归途又续题下句。）

乌鸦飞入鹭鸶群，雪里送炭

凤凰立在鸳鸯伴，锦上添花

（清代文人唱和联。立意奇巧，巧夺天工！）

刚日读经，柔日读史

十年树木，百年树人

（海南儋县东坡书院联。读书读一世，立德立百年。）

任人须知人，友人须容人，人和事就

无事不找事，有事不怕事，事在人为

（清代劝世联。此联六嵌“人事”二字，突出人事之重要。搞好人事关系，乃为人处世之基。事在人为，人和事就！和谐相处，国泰民安。）

熊希龄雄心不死

毛彦文茅塞顿开

（熊希龄同毛彦文结婚时人题此谐音联，倒也幽默风趣！）

小学生买墨，三元及第

大老板经商，四季发财

（蔡和森幼年对文具店老板。“三元及第”为在乡试、会试、殿试中连中解元、会元、状元三个第一名。主客互视，皆大欢喜。）

玉骨琼肌，佳人闭月羞花貌

锦心绣口，学士经天纬地才

（古代文人唱和联。）

活到老，学到老，老不服老

画亦精，字亦精，精益求精

（郑林贺画家贾敬之寿联。）

太阳岛风和日丽（张拨群对）

杜鹃山鸟语花香（出句）

（1999年首届“对联王”互联网大赛联。“杜鹃”既言山，又寓花寓鸟，妙！）

唐王选玉环，汉帝钟飞燕，挑肥拣瘦

包公审世美，祖光敬凤霞，推陈出新

（网络联。玉环胖，飞燕瘦；世美姓陈，凤霞姓新。生动形象，切情切理。妙！）

风调雨顺　国泰民安

瓜熟蒂落　藕断丝连

雪中送炭　锦上添花

守株待兔　打草惊蛇

望梅止渴　画饼充饥

指桑骂槐　声东击西

解放思想，敢兴敢废，敢于破旧立新

尊重实践，能行能止，能够避短扬长

10．嵌词牌联：

晚霞映水，渔人争唱满江红

朔雪飞空，农夫齐歌普天乐

（北宋诗人苏东坡对黄庭坚。嵌《满江红》《普天乐》词牌名。“词牌”为宋词词调声韵格式。）

天仙子持碧玉箫，风前吹出声声慢

虞美人穿红绣鞋，月下行来步步娇

（北宋才女苏小妹对兄长苏东坡。此联巧嵌六词牌：《天仙子》《碧玉箫》《声声慢》《虞美人》《红绣鞋》《步步娇》。生动形象，贴切自然，堪为佳作！）

南乡子前，常忆秦娥寻芳草

西江月下，最念奴娇浣溪沙

（梁元锴撰。巧嵌《南乡子》《忆秦娥》《寻芳草》《西江月》《念奴娇》《浣溪沙》六词牌名。构词巧妙，生动自然。）

大圣娶亲齐天乐　观音打架菩萨蛮

皇叔嘉亮，汉赋南乡子　霸王别姬，楚辞虞美人

（网络联。上联巧嵌《齐天乐》《菩萨蛮》二词牌名，风趣幽默。下联巧嵌《南乡子》《虞美人》。“汉赋”既为男子汉咏赋，又寓《汉赋》；“楚辞”既为楚王辞妃，又寓《楚辞》。）

11．嵌干支、五行联：

半夜生孩，亥子二时难定

百年匹配，酉巳两属相当

（明代才子唐伯虎、竹枝山唱和联。巧拆“孩、配”二字为干支序数，令人拍案叫绝。）

癸辛街

子午谷

（明代兵部侍郎、民族英雄于谦八岁对叔父。既是地名对地名，又是地支对天干，工整贴切。妙！）

父戊子，子戊子，父子戊子

师司徒，徒司徒，师徒司徒

（清代大学士纪晓岚对绝对。出句言父子均为戊子年生；对句则言师徒二人都姓司徒。巧妙自然。）

丙丁壬癸，何为水火

甲乙庚辛，什么东西

（清代文学家曹雪芹对恶绅张伯元。出句以天干丙丁寓火，壬癸寓水；对句以天干甲乙寓东，庚辛寓西，不仅工整贴切，并暗骂其为“什么东西？”妙！）

甲年逢甲子

丁岁遇丁公

（清代光绪丁丑科台湾院试十三岁举子丘逢甲第一个交卷。主考丁日昌即兴出句，寓意为科甲之年遇到了第一个交卷的举子，巧嵌“逢甲”其名，真乃才智高超，构词奇巧！对句为丁丑年遇到了姓丁的主考相公，工整贴切，谦恭有礼。）

戊戌同体，腹中只差一点

己巳连踪，肩下何不双挑

（清代文人唱和联。“戊戌”差一点，“己”字未顶肩，生动形象。）

十三经，廿四史，十年寒窗，未脱得那领蓝衫，愧以白身偕绿鬓；

甲子年，癸酉月，甲戌良辰，且牵着这条红线，行看黄榜点朱衣。

（清代文学家吴汝轮虽姻缘早定，但立志要高中进士后再娶。屡试未中，25岁时父母为其完婚。出迎时，吴在轿门上题上句，谦恭自愧。新娘对以下句，深情抚慰。后吴中同治乙丑科进士。夫妻挚情，感天动地，成家立业，如愿以偿。）

甲辰科，柴米俱贵，家无四两铁，许多至亲好友，谁肯雪中送炭；

丁巳年，文章合手，得中五经魁，不管张三李四，都来锦上添花。

（清代举子讽世态。世态虽有炎凉，切勿疏亲慢友。）

水部失火，金司空大兴土木

北人南相，中书君不是东西

（清代大学士纪晓岚对句骂中书。上句巧嵌“金木水火土”五行；对句巧嵌“东西南北中”五方。工整贴切，巧妙自然。）

收二川，排八阵，六出七擒，五丈源明灯四十九盏，一心只为酬三顾；

平西蜀，定南蛮，东和北拒，中军帐变卦土木金爻，水面偏能用火攻。

（河南南阳武侯祠联。以五方五行对十数。巧！）

（十一）谜语联

“谜语联”，是指那种谜语体裁的联语。谜语联其实就是谜语。谜语联和普通联的不同之处在于：普通联是将仙山美景赤裸裸地展现在联语的字面之上，让人一目了然，一睹为快；而谜语联则将仙山美景嵌藏在联语的文字之外，联语表面的文字似面纱、似迷雾，掩盖着仙山美景的真面目，使人难窥其貌。正因如此，才使得谜语联具有了一种神奇的吸引力，诱使你为了一睹仙山美景，就必须聚精会神地去猜去想。如若一时难以猜中，它又会在你心中留下遗憾和悬念，令你总想一举破解，以消愧意。不过，谜语联的联面文字既是面纱，也是线索，既是迷雾，也是导游，只要你善抓线索，巧用导游，它便可帮你揭开面纱，驱除迷雾，带你步入仙山，赏到美景。当你一举猜中后，你定会恍然大悟，拍案叫绝。这正是谜语联所独具的神奇魅力。

谜语联立意奇巧，寓意隐秘，逗人喜爱，引人入胜，既可敏捷思维，又能增智益智，堪为文苑之一绝。例如：

无可奈何花落去

似曾相识燕归来

（北宋诗人王琪对宰相晏殊。出句感叹花落秋至，对句喜迎燕归春回。寓“春、秋”二字。）

借我一朵花，既能收拢也能张，头把花朵戴，手把花根拿；

给你一座亭，全没窗户又没门，水在亭上流，人在亭下行。

（南宋女词人李清照巧对借伞人。）

黑不是，白不是，红黄更不是，和狐猴猫狗相似，既非家畜，也非野兽

诗也有，此也有，论语上也有，对东西南北模糊，虽是短品，却是妙文

（清代大学士纪晓岚元宵题谜联。寓“猜谜”二字。）

数一数二门第

惊天动地人家

——先斩后奏

（清代乾隆皇帝除夕微服巡视，见一家门贴此联大吃一惊，拘传撰联小童审之。小童答曰：父在粮行过斗，每天数一数二；二叔在衙门放炮，惊天动地；三叔是屠夫，先斩后奏。乾隆听后，赐赏放回。）

家有万金不富

膝下五子尚孤

——寡人在此

（相传，清代乾隆皇帝除夕微服巡视，见一家贴此联，百看不解其意。令人问之，始知一老妇人有十个女儿，古代女称“千金”，十女即万金；婿为“半子”，十婿即五子，各自成家，只有老寡妇一人在此独居。十女而不奉亲，令人扼腕兴叹。）

白蛇过江，头顶一轮明月

乌龙挂壁，身披万点金星

（清代文人邹齐对周鲁。寓“油灯”“秤杆”。）

有髻称凡鸟

司晨号德禽

（古代灯谜联。上句“凡鸟”合为“鳳”字；下句寓“鸡”。古时人称鸡有五德：“头戴冠，文也；足搏拒，武也；见食相呼，义也；近前敢斗，勇也；司晨不误，信也！”）

秉公不偏三尺法

凿壁可偷一线光

（古代人物谜联。寓“法正”“孔明”二人名。）

秋水落霞惊四座

桐花栖凤服群贤

（古代王姓谜联。上句出自唐初王勃《滕王阁序》“落霞与孤鹜齐飞，秋水共长天一色”。下句出自清代诗人王世祯《蝶恋花·和漱玉词》“郎似桐花，妾似桐花凤”。二作者均姓王。）

黄槐绿竹伊新植

紫燕红鹅说旧家

（古代王姓谜联。“黄槐”典出宋代王祐曾植三槐于堂前，称日后必有三公，后其子王旦果为宰相，人称三槐王家。“绿竹”典出晋代书法家王献之种竹院中，称“不可一日无此君”。“紫燕”典出唐代诗人刘禹锡诗“旧时王谢堂前燕，飞入寻常百姓家”，因此紫燕便成为王姓之代称。“红鹅”典出晋代书法家王羲之性喜爱鹅，曾书道德经向道人换鹅养之。四典皆为王姓。）

狂歌痛饮双仙骨

索句呕心一锦囊

（古代李姓谜联。唐代大诗人李白称“诗仙”“酒仙”，杜甫赠李白诗中有“痛饮狂歌空度日”句。诗人李贺每外出必带一锦囊，一遇佳句便记之投入囊中，回去后续写成诗。二人皆姓李。）

四知情操惭贪吏

千古文章重太玄

（古代杨姓谜联。上句典出宋代杨震为官时有人深夜献金行贿，并称“无人知”。杨曰：“天知、地知、你知、我知，何谓无知?”因此人们誉称杨震为“四知清官”。下句为西汉大文豪杨雄著有《太玄》一书。二人均姓杨。）

唐宋八家三席占

指挥六国一身荣

（古代苏姓谜联。上句言宋代诗人苏洵、苏辙、苏轼一门三词人，在唐宋八大文学家中占其三。下句言战国苏秦先连横，后合纵，为六国君王所重用。二人均姓苏。）

青龙绕梁，口吐一颗明珠

彩凤凌云，身现万朵金花

（古代事物谜联，寓“龙灯”“烟花”。）

烛尽油干，匡衡凿壁

秋高香残，黛玉葬花

（古代口语谜联。寓“借光”“多谢”两句文明礼貌语。）

描梅能手，无翅善行地

画竹大师，有翼难上天

（古代动物谜联。寓“犬”“鸡”。）

超重则翘尾

量少必低头

（古代用具谜联。寓“木杆秤”。）

曲颈先生上岸，两腿迈开八字步

扁嘴丫头下水，双脚拨开九龙宫

（古代动物谜联。寓“鹅”“鸭”。）

河界三分阔

智谋万丈深

（古代玩具谜联。寓“象棋”。）

莫道循环往复，刻刻催人资警醒

须知有去无回，声声劝你惜光阴

（古代用具谜联。寓“钟表”。）

你笑他笑，你啼他啼，啼笑一样

你高他高，你矮他矮，高矮相同

（古代用具谜联。寓“镜子”。）

壹二三四五

六七八九拾

［常江撰成语谜联。谐寓“丰衣（一）足食（十）”。］

信函接到手

宝剑不离身

（地名谜联。寓“开封”“武汉”。）

既可耳听，又可口授

虽闻其言，未见其人

（家用电器谜联。寓“电话机”。）

朝辞白帝

暮到江陵

（成语谜联。寓“一日千里”。）

打得开，收得拢

不怕雨，只怕风

（用具谜联，寓“伞”。）

大街上汽车，停停行行，行行停停，怪！

公园里风景，花花草草，草草花花，美！

（颜色谜联。寓“红、绿”二色。）

（十二）白话联

“白话联”，是指那些用俗言俚语创作的联语。白话联虽然不如文言联那样文雅秀气，巧妙含蓄，耐人品味，可是白话联粗壮豪放，通俗易懂，一目了然，是普通老百姓常用的联语形式。其实在古代也有白话联。例如：宋代百姓讥讽州官田登的“只许州官放火，不准百姓点灯”；明代七岁小童曹宗同渔民唱和的“沙马钻沙洞，沙沾沙马眼；水牛吃水草，水浸水牛头”；明代秀才林大茂应试对考官的“沙人骑沙马，沙头沙尾沙屁股；土官坐土城，土头土脑土王法”等等，都是白话联，只是古之专集收录较少而已。现将当代白话联集录少许，以供欣赏。例如：

挂羊头　卖狗肉

拍马屁　吹牛皮

咬耳朵　嚼舌根

犟脾气　贱骨头

人穷志短　马瘦毛长

放马后炮　吃眼前亏

打退堂鼓　扯顺风旗

酒肉朋友　米面夫妻

一团和气　满面春风

大胆假设　小心求证

眼观六路　耳听八方

因小失大　随方就圆

看人下菜　量体裁衣

雪中送炭　火上加油

摘果砍树　卸磨杀驴

手忙脚乱　目瞪口呆

摇头晃脑　挤眉弄眼

呆头呆脑　笨手笨脚

心惊肉跳　手忙脚乱

小打小闹　大吹大擂

苦中寻乐　忙里偷闲

登楼望月　坐井观天

落花有意　流水无情

一年四季　八两半斤

子不嫌母丑　狗不嫌家贫

毛头小伙子　贫嘴老太婆

舌头上打滚　脚底下抹油

船头上跑马　门缝里看人

庙小妖精大　池浅王八多

家贫出孝子　国乱显忠臣

不吃苦中苦　难为人上人

富贵思淫欲　贫贱起盗心

牛头不对马嘴　鼻子莫说眼睛

小朋友手拉手　老朋友心连心

得意狸猫凶似虎　落架凤凰不如鸡

清官难断家务事　光棍不吃眼前亏

自古未闻粪有税　而今只有屁无捐

骨头没有四两重　眼泪却拖两丈长

洋人看戏傻瞪眼　穷鬼唱歌瞎开心

瞎猫逮个死老鼠　饿狗啃根硬骨头

秤杆离不开秤砣　老头离不开老婆

大河架桥，两头着地　老驴打滚，四脚朝天

盐罐里生蛆，背时晦气　肉包子打狗，有去无回

（十三）拟人联

“拟人联”，是指那些使用拟人比喻手法创作的联语。拟人联立意新颖别致，构词奇特巧妙，叙事绘声绘色，状物活灵活现，生动形象，乐趣横溢，赏心悦目，增知益智。例如：

天若有情天亦老

月如无怨月常圆

（北宋文学家石延年对绝句。出句为唐代诗人李长吉句。此联以天、月拟人，立意幻妙，哲理深蕴。）

一弯西子臂

七窍比干心

（卖藕翁对明太祖朱元璋。“西子”即西施，春秋时美女；“比干”为殷商时由于直言谏君而被殷纣王剖腹挖心之大臣。生动形象。）

绿水本无忧，因风皱面

青山原不老，为雪白头

（明代才子李文甫八岁对塾师。如诗如画。）

马过木桥蹄打鼓

鸡啄铜盆嘴敲锣

（明代翰林学士解缙幼年对朝官。蹄打鼓，嘴敲锣，幽默风趣。）

塔顶葫芦，尖捏拳头捶白日

城头箭垛，倒生牙齿咬青天

（明代《三言》作者冯梦龙幼年对塾师。拳捶白日、齿咬青天，立意奇特巧妙，尖捏拳头、倒生牙齿，状物生动形象，堪为绝世佳作。）

东方日出天开眼

西岳山高地出头

（明代进士周一经六岁对其父。天开眼，视才，地出头，明志。雄心壮志溢于言表。）

稻草扎秧父抱子

竹篮提笋母怀儿

（明代进士熊廷弼幼年对友人。切情切理，如诗如画。妙！）

日月两轮天地眼

诗书万卷圣贤心

（明代御史向宝幼年对塾师。工整贴切，巧妙自然。）

莫做灯笼千只眼

要学蜡烛一条心

（明代宰相张居正幼年对祖父。祖父教导有方，孙子居心务正。）

燕入桃花，犹如铁剪裁红锦

莺穿柳絮，好似金梭织翠丝

（明代才子郭希贤八岁对其父。状物生动形象，对仗工整贴切，妙！）

池中莲苞握红拳，打谁？

岸上麻叶伸绿掌，要啥？

（清代大学士纪晓岚对乾隆皇帝。君臣逗笑，趣乐横生！）

鸭母无鞋空洗脚

鸡公有髻不梳头

（清代民族英雄林则徐幼年对塾师。）

雪积观音，日出化身归南海

云成罗汉，风吹漫步到西天

[清代翰林学士王尔烈幼年对僧人。观音菩萨身居南海，十八罗汉庙在印度（古称西天）。立意奇巧，状物形象，堪为佳

作。]

鸦噪鹊啼，并立枝头谈祸福

燕来雁去，相逢途中话春秋

（清代才女李娥对王方。古有“鸦噪屋上凶音至，鹊鸣檐前喜气来”，“雁去秋至，燕来春归”。此联立意新奇，构词巧妙，切情切景。）

竹母虚心穿土长

笋儿壮志钻岩生

（清代状元王云锦幼年对祖父。）

你求名利，他卜吉凶，可惜我全无心肝，怎出得什么主意；

殿霭烟云，堂列钟鼎，堪笑人供此泥木，空费了多少钱财。

（古代反迷信联。人迷鬼神，心迷神乱，正直为人，气顺心安。）

（十四）拟声联

“拟声联”，是指那些模拟某种声音的联语。

拟声联立意奇巧，状声形象，虽然多为寻趣逗笑，讥讽斗骂之作，倒也趣乐横溢，赏心悦目。例如：

王母河边敲叭梆，叭梆叭梆叭叭梆；

金銮殿前呼万岁，万岁万岁万万岁！

（唐代溜须拍马学士对女皇武则天。相传，呼皇帝“万岁！万岁！万万岁！”就是由此而起。）

呔！尔小子肮肮脏脏，进门就吃，又挟菜，又扒饭，好似馋猫偷食；

呸！你老头颠颠倒倒，开口便骂，不通情，不达理，犹如恶狗伤人。

（明太祖朱元璋幼年汝州对庄主。巧绘出一幅小叫花子同老庄主逗笑讽骂图。）

唉！可叹天下良吏少啊！

嗯！须知世上苦人多嘛！

（明太祖朱元璋幼年合肥对秀才。四声哀叹，民怨尽达。）

地冻马蹄声得得

天寒驴嘴气腾腾

（明代吏部尚书李东阳对杨邃。）

鸭游阔阔池塘，口称狭狭

蝉鸣高高溪岸，声叫低低

（明代才子沈周对祝枝山。风趣幽默。）

斑鸠无礼，老僧头上叫姑姑

褐鼠有情，小姐耳边呼姊姊

（明代才僧佛印对琴操。生动形象。）

山童采栗用箱盛，劈栗扑鹿

野老卖菱使篓倒，倾菱空笼

（朱亦謦对客人。栩栩如生。）

咳！仆本无心，有贤妻何至若是！

啐！妇虽长舌，非老贼不到今朝！

（清代两江总督阮元题浙江杭州西湖岳坟秦桧夫妇跪像联。谐状奸臣秦桧夫妇争吵、埋怨，入木三分。）

母鸡下蛋，谷多、谷多，只有一个

小鸟上树，酒醉、酒醉，却无半杯

山中无酒，小鸟为何歌酒醉

家里有谷，母鸡因此叫谷多

（清代诗人周渔璜幼年对塾师。趣乐横生。）

妻娶妾，妻娶妾，签筒摇来妻娶妾

妇扶夫，妇扶夫，洞箫吹出妇扶夫

（清代才子宋湘幼年对嫂嫂。签摇箫吹，声声入耳。）

斋鱼敲落碧湖月，觉觉觉觉，先觉后觉，无非觉觉；

法钟撞破麓峰云，空空空空，色空相空，总是空空。

（湖南长沙开福寺大佛殿联。“觉”为木鱼声，又寓觉悟之觉；“空”为钟声，又寓悟空之空。觉则空，空则觉，此乃佛法也！世间人，觉则学之，悟则干之，才能发家致富，利国利民。）

咦！哪里放炮？

啊！他们过年！

（土地庙联）

大楦头，小楦头，乒乒乓乓，打出穷鬼去

粗麻绳，细麻绳，吱吱嘎嘎，拉进财神来

（古代鞋铺联。声情并茂，跃然纸上。）

想当年，大路上，得儿哦呵吁

看今朝，高棚内，七八隆咚锵

（古代戏班鼓乐手对赶车老汉。倒也生动形象，幽默风趣。）

一盏灯，四面字，酒、酒、酒、酒

三更鼓，半夜锣，汤、汤、汤、汤

（古代酒店联。“汤”字既指锣声，又寓汤菜之汤。）

红军到，反动逃，土豪劣绅藏悄悄，猫说：妙、妙、妙、妙；

苏区乐，满山歌，人欢马叫笑呵呵，鸡鸣：喔、喔、喔、喔。

（1933年红军到四川时枫岭沟村农夫撰。此联切景切情，生动形象，妙！）

吟兴频添，1 2 3 4 5 6 7；

乡音未改，一二三四五六七。

（《中国古今奇联鉴赏》载：古代有一副数字奇联为

“1234567；一二三四五六七。”上句为音乐符号，谐浙江方言“独览梅花扫落雪”，下句谐“细睨山势舞流溪”。后来，作者徐征为便于理解，在联前又各加四字，读来更加自然流畅，生动有趣。）

普天同庆，当庆，当庆，当当庆；

举国若狂，群狂，群狂，群群狂

（抗日战争胜利后，四川重庆人民游行欢庆，有人模拟锣鼓声撰此联，似有震天动地锣鼓声举国轰鸣。）

世事如鸣锣，只因有钱，当、当、当

人情似击鼓，惟以皮厚，通、通、通

（幽默大师何淡如讽世联。语谐双关，哲理深蕴，生动形象，堪为佳作。）

扬子江边吹唢呐，哪里，哪里？

老道寺前摇响铃，不当，不当！

（网络联。生动形象。）

播谷播谷，禽催农夫忙播谷

提壶提壶，鸟唤酒客乐提壶

（网络联。布谷鸟叫声谐“播谷”；鹈鹕鸟叫声谐“提壶”。）

哼！贱妇愚哉，非吾青云直上，何来彩电？

呸！莽夫谬矣，是我绿帽亲裁，才有乌纱！

（网络联。贪官淫妇，不打自招。奇思妙语，令人捧腹。）

（十五）加、减、改、断联

加、减、改、断联，是指那些经加字、减字、改字、断句而使其改变原意的联语。此类联语多见于寻趣逗笑、讥讽斗骂、规劝激励等唱和活动之中。立意奇巧，才思机敏，赏心悦目，增知益智。例如：

1. 加字联：

识遍天下字　读尽人间书

发奋识遍天下字　立志读尽人间书

（北宋诗人苏东坡十岁时题前联自勉。后有人拿一册书让其读，苏一个字也不认识，羞愧难当，随将自勉联前各加二字。只有发奋立志，方可成才成名。）

笔底才华少　胸中韬略无

笔底才华少有　胸中韬略无穷

（北宋才女苏小妹试才择婿，应者众。其兄苏东坡见小妹给权臣之子方若虚的评语联后，生怕招罪权臣，便在联后各加一字，骗方高兴而去。）

门对千竿竹　家藏万卷书

门对千竿竹短　家藏万卷书长

门对千竿竹短无　家藏万卷书长有

（明代翰林学士解缙七岁题春联，对门曹尚书见后生气，令人将院竹斩断后，解在联下各加一字。曹更气，令人将断竹连根刨去，解在联下又各加一字。小解缙才智机敏！曹尚书干生闷气。）

闲人免进　盗者休来

闲人免进贤人进　盗者休来道者来

（解缙访友，见门上贴前联。解随手在联下各加三字。音谐意巧，幽默风趣。）

爱民若子　执法如山

爱民若子，金子、银子，皆吾子也！

执法如山，钱山、靠山，概为山乎？

（明代湖北襄阳百姓见一贪官贴前联，愤而加字讽之。为官者应当言行一致，如若口是心非，欺世盗名，表面装人，背后捣鬼，必将身败名裂，不齿于人。）

君恩深似海　臣节重如山

君恩深似海矣　臣节重如山乎

（前联为明朝兵部尚书洪承畴自勉联。洪叛明降清后，有人加字讽之。虽然只加了两个虚字，倒让洪尚书无地自容。）

行节俭事　过淡泊年

早行节俭事　不过淡泊年

（明末一纨绔子弟平时挥霍无度，穷困潦倒，春节贴前联。邻居在其联前各加一字，规劝心诚意善，浪子改邪归正。前车之鉴，后人之师。）

香玫瑰　臭粪桶

一枝香玫瑰　两个臭粪桶

鬓角斜插一枝香玫瑰　肩头平挑两个臭粪桶

红颜小姐鬓角斜插一枝香玫瑰
黑脸大汉肩头平挑两个臭粪桶

（古代富室千金入园赏花，即景偶吟首句；恰逢长工挑粪进园为花施肥，闻之即对。虽为俗言俚语，倒也工整贴切，趣乐横生。）

竹报三多

梅开五福（出句）

竹报三多，书竹大师歌德政

梅开五福，画梅高手乐康年（对句）

（1993年贵州镇远迎春征联选，何发明对。辞旧岁，书竹锦鸡歌德政；迎新春，画梅玉犬乐康年！切情切景，生动有趣。）

雨

风

花雨

酒风

飞花雨

撒酒风

点点飞花雨

回回撒酒风

檐前点点飞花雨

席上回回撒酒风

皇王有道檐前点点飞花雨

祖宗无德席上回回撒酒风

大魔国皇王有道檐前点点飞花雨

程咬金祖宗无德席上回回撒酒风

（电视剧《程咬金招亲》中新娘考新郎。趣乐横溢，令人捧腹。）

2．减字联（也称“隐字联”）：

二三四五

六七八九

——南北

（相传，北宋宰相吕蒙正幼年家贫，除夕贴此联，众不解。

县令微服巡视见之，说“这是在说缺衣少食没东西”，众方恍然大悟。县令惜其才，送衣食相助，使其成才成名。）

断送一生惟有□

破除万事无过□

（宋代沈括《梦溪笔谈》载：北宋政治家王安石把唐代诗人韩愈的诗句“断送一生惟有酒”“破除万事无过酒”两句集为一副减字联，意在劝人戒酒。）

甲乙丙□

□丑寅卯

（相传，明代翰林解缙出生前；其父撰此联，意为家里缺“丁”少“子”。真乃求子心切，感天动地，后生解缙，育子成名。）

童子六七人，独汝狡

员外两千名，惟公□

（相传，明代神童李东阳放风筝掉入员外园中。李等翻墙入园寻找，恰逢员外在园中同人观花下棋，闻其为神童便出句令对，以试其才。李对句后少一字住口，问之，李答：还则廉，否则贪。）

醉翁之意不在□

君子之交淡如□

（明代江进之《雪涛小书·谐史》载：寒士贫，无酒，以水待客，吟上句；友饮之，对下句。心照不宣，情真意切。）

榜上三元解会状

人间四季夏秋冬

（清代大学士纪晓岚对太监。出句“三元”即乡试、会试、殿试中的第一名为解元、会元、状元。太监问：既言四季，为何无春？纪答：“君自知之，何问其故？”太监为阉割之人，自然

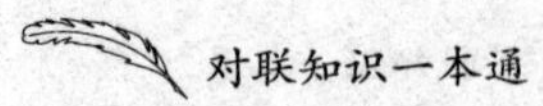

无春。绝！）

未必逢凶化□
何曾起死回□

（清代大学士纪晓岚见庸医“吉生”门上贴着“逢凶化吉，起死回生”的对联，便题此隐字联讽之。巧！）

流水夕阳千古恨　春露秋霜百年愁

流水夕阳千古　春露秋霜百年

（相传，清代一家结婚时误将悲联当喜联贴在大门上。新娘下轿见后，速将联下各撕去一字，使悲联变成喜联。妙！）

盛世无须掩闸门　太平不用敲更鼓

盛世无须掩闸　太平不用敲更

发财户金银尽是　积善家福寿无穷

发财户金银尽　积善家福寿无

（相传，古代一家把春联贴反了，塾师看后把联尾各撕掉一个字，使反联变成了正联。隔壁富户听说后，也把自家门上对联尾字撕去。众人看后，捧腹大笑。）

一二三四五六七
孝悌忠信礼义廉

（此联一说是明末尚书洪承畴降清后人送此联骂其“忘（王）八无耻”。二说为清代蒲松龄为临池王府王半朝撰此联。）

借新账，还旧账，借账还账账还账；
拆东墙，补西墙，拆墙补墙墙补墙。

——※（“老”字少一瞥）

（古代湘西土家族李八除夕贴联拒债主。横批上“老”字缺一点，意为：老子一点没有，要有一点早就还给你了。幽默风趣，非赖实穷。）

3．改字联：

子当承父业　臣必报君恩

君恩臣必报　父业子当承

[北宋工部侍郎之子倪兴官和吕蒙正（后为北宋宰相）同塾读书。倪撰前联后自吹自擂，自称无人能及。吕则骂其辱君辱父，乱纲乱伦。倪让吕改，吕随手改之，众皆拍手称妙！]

庭前种竹先生笋　庙后栽花长老枝

庭前种竹先生损　庙后栽花长老支

庭前种竹先生训　庙后栽花长老知

（明代翰林学士解缙幼年对尚书。解缙幼年人称神童，尚书出句试才。尚书虽一再将“笋”字谐改其义，解亦将“枝”字谐改其对。神童神矣！）

两碟豆　一瓯油

两蝶斗　一鸥游

（清代乾隆皇帝出句，大学士纪晓岚对。帝谐改，纪谐对。幽默风趣。）

不才明主弃　多病故人疏

不明才主弃　多故病人疏

（清代一庸医为显才招客，录孟浩然诗句作门联；大学士纪晓岚改句讥讽，虽只颠倒一字，其义截然相反。妙！）

父进士，子进士，父子进士

婆夫人，媳夫人，婆媳夫人

父进士，子进士，父子进士

婆失夫，媳失夫，婆媳失夫

（清代双进士家为官不正，为富不仁，民怨极大，有人在其门联上涂改几笔，咒其家破人亡。）

卫达三呼冤赴菜市　刘坤一托病卧榆关

卫达三呼冤赴菜市　刘坤一拼命出榆关

（清代甲午战争中卫达三临阵脱逃被押赴菜市斩首。刘坤一当时在榆关托病不战，听到百姓中流传此联后怕朝廷追究其责，速请幕友改联。幕友虽仅改三个字却得到赏银三千两。真乃“一字千金”矣！）

心在朝廷，原无论先主后主　功高天下，何必辩襄阳南阳

心在人民，原无论大事小事　利归天下，何必争多得少得

（赵紫阳改南阳武侯祠联自勉。）

风声雨声读书声，声声入耳　家事国事天下事，事事关心

风声雨声悲叹声，枉此一生　险事难事天下事，争当勇士

（前为东林书院联；后为胡耀邦改字励众生。）

年年失望年年望

处处无寻处处寻

——春在哪里

年年失望年年望

事事有成事事成

——春在心中

（1962年10月，文学大师郭沫若到普陀山旅游时捡到一个笔记本，上记“三春花又落，何处再寻春，解脱烦恼者，蓬莱观世音”“来生魂魄系普陀”和前联等。郭老感到有个姑娘要寻短

见，速令人四处搜寻，找到此女李真真。郭老改其联，并题赠蒲松龄落第自勉联激励。当其看到题赠联落款为郭沫若时，潸然泪下，深为郭老的慈爱心肠所感动，也为其书法艺术所倾倒，呜咽立志，再拓新生。后寄诗云："梵音洞前几徬徨，此身几欲付汪洋，妙笔竟藏回春力，感激恩师救迷航。"谱写了一曲郭老改联救美女的壮丽凯歌。）

4．断句联：

此屋安能居住　其人好不悲伤

此屋安，能居住　其人好，不悲伤

（明代一劣绅请祝枝山题门联。祝见其打骂祖孙二乞丐，故题前联。贴出后引人讥笑。其找祝理论，祝称此是好联；劣绅说若能说出好来我愿输银十两。祝断句赢银十两，救助乞丐祖孙。）

明日逢春好，不晦气　新年倒运少，有余财

明日逢春，好不晦气　新年倒运，少有余财

（祝枝山除夕为恶绅题春联，巧寓上下两种断句法，暗咒恶绅！）

李东阳气暖　柳下蕙风和

李东，阳气暖　柳下，蕙风和

（明代吏部尚书李东阳幼年对考官。此联本为人名对儿，柳下蕙为春秋时坐怀不乱之君子。断句后联意变为：李树东，柳树下，气暖风和。）

酿酒缸缸好，做醋坛坛酸　养猪头头大，老鼠只只瘟

酿酒缸缸好做醋，坛坛酸　养猪头头大老鼠，只只瘟

（清代画家李渔题联暗寓两种断句法，诅咒酒厂恶老板。）

附录：《笠翁对韵》

上卷（上平声）

一、东

天对地，雨对风，大陆对长空。山花对海树，赤日对苍穹。雷隐隐，雨蒙蒙，日下对天中。风高秋月白，雨霁晚霞红。牛女二星河左右，参商两曜斗西东。十月塞边，飒飒寒霜惊戍旅，三冬江上，漫漫朔雪冷渔翁。

河对汉，绿对红，雨伯对雷公。烟楼对雪洞，月殿对天宫。云叆叇，日曈曚，蜡屐对渔蓬。过天星似箭，吐魄月如弓。驿旅客逢梅子雨，池亭人挹藕花风。茅店村前，皓月坠林鸡唱韵，板桥路上，青霜锁道马行踪。

山对海，华对嵩，四岳对三公。宫花对禁柳，塞雁对江龙。清暑殿，广寒宫，拾翠对题红。庄周梦化蝶，吕望兆飞熊。北牖当风停夏扇，南帘曝日省冬烘。鹤舞楼头，玉笛弄残仙子月，凤翔台上，紫箫吹断美人风。

二、冬

晨对午，夏对冬，下饷对高舂。青夜对白昼，古柏对苍松。

垂钓客，荷锄翁，仙鹤对神龙。凤冠珠闪烁，螭带玉玲珑。三元及第才千顷，一品当朝禄万钟。花萼楼间，仙李盘根调国脉，沉香亭畔，娇杨擅宠起边风。

清对淡，薄对浓，暮鼓对晨钟。山花对石菊，烟锁对云封。金菡萏，玉芙蓉，绿绮对青锋。早汤先宿酒，晚食继朝饔。唐库金钱能化蝶，延津宝剑会成龙。巫峡浪传，云雨荒唐神女庙，岱宗遥望，儿孙罗列丈人峰。

繁对简，叠对重，意懒对心慵。仙翁对释伴，道范对儒宗。花灼灼，草茸茸，浪蝶对狂蜂。数竿君子竹，几树大夫松。高皇灭项凭三杰，虞帝承尧殛四凶。内苑佳人，满地风光愁不尽，边关过客，连天烟草憾无穷。

三、江

奇对偶，只对双，大海对长江。金盘对玉盏，宝烛对银釭。朱漆槛，碧纱窗，舞调对歌腔。兴汉推马武，谏夏著龙逄。四收列国群王伏，三筑高城众敌降。跨凤登台，潇洒仙姬秦弄玉，斩蛇当道，英雄天子汉刘邦。

颜对貌，像对庞，步辇对徒杠。停针对搁竺，意懒对心降。灯闪闪，月幢幢，揽辔对飞艎。柳堤驰骏马，花院吠村庞。酒量微醉琼杳颊，香尘没印玉莲蹤。诗写丹枫，韩文幽怀流节水，泪弹斑竹，舜妃遗憾积湄江。

四、支

泉对石，干对枝，吹竹对弹丝。山亭对水榭，鹦鹉对鸬鹚。五色笔，十香词，泼墨对传卮。神奇韩干画，雄浑李杜诗。几处花街新夺锦，数入香径淡凝脂。万里烽烟，战士边头争保塞，一犁膏雨，农夫村外尽乘时。

菹对醢，赋对诗，点漆对描脂。璠簪对珠履，剑客对琴师。沽酒价，买山资，国色对仙姿。晚霞明似锦，春雨细如丝。柳绊长堤千万树，花横野寺两三枝。紫盖黄旗，天象预占江左地，青袍白马，童谣终应寿阳儿。

箴对赞，缶对卮，萤炤对蚕丝。轻裾对长袖，瑞草对灵芝。流涕策，断肠诗，喉舌对腰肢。云中熊虎将，天上凤凰儿。禹庙千年垂橘柚，尧阶三尺复茅茨。湘竹含烟，腰下轻纱笼玳瑁，海棠经雨，眼边清泪湿胭脂。

争对让，望对思，野葛对山栀。仙风对道骨，天造对人为。鯆诸剑，博浪椎，经纬对干支。位尊民物主，德重帝王师。望切不妨人去远，心忙无奈马行迟。金屋闭来，赋乞茂林题柱笔，玉楼成后，记须昌谷负囊时。

五、微

贤对圣，是对非，觉奥对参微。鱼书对雁字，草舍对柴扉。鸡晓唱，雉朝飞，红瘦对绿肥。举杯邀月饮，骑马踏花归。黄盖能成赤壁捷，陈平善解白登危。太白书堂，瀑泉垂地三千丈，孔明祀庙，老柏参天四十围。

戈对甲，幄对帷，荡荡对巍巍。严滩对邵圃，靖菊对夷薇。白鸿渐，采凤飞，虎榜对龙旗。心中罗锦绣，口内吐珠玑。宽宏豁达高皇量，叱咤喑哑霸王威。灭项兴刘，狡兔尽时走狗死，连吴拒魏，貔貅屯处卧龙归。

衰对盛，密对稀，祭服对朝衣。鸡窗对雁塔，秋榜对春闱。乌衣巷，燕子矶，久别对初归。天姿真窈窕，圣德实光辉。蟠桃紫阙来金母，岭荔红尘进玉妃。霸王军营，亚父丹心撞玉斗，长安酒市，洞仙狂兴换银龟。

六、鱼

羹对饭，柳对榆，短袖对长裾。鸡冠对凤尾，芍药对芙蕖。周有若，汉相如，王屋对匡庐。月明山寺远，风细水亭虚。壮士腰间三尺剑，男儿腹内五车书。疏影暗香，和靖孤山梅影放，轻阴清昼，渊明旧宅柳条舒。

吾对汝，尔对余，选授对升除。书箱对药柜，耒耜对耰锄。参虽鲁，回不愚，阀阅对阎闾。诸侯千乘国，命妇七香车。穿云采药闻仙子，踏雪寻梅策蹇驴。玉兔金乌，二气精灵为日月，洛龟河马，五行生克在图书。

欹对正，密对疏，囊橐对苞苴。罗浮对壶峤，水曲对山纡。骖鹤驾，待銮舆，杰溺对长沮。搏虎卞庄子，当熊冯婕妤。南阳高士吟梁父，西蜀才人赋子虚。三径风光，白石黄花供杖履，五湖烟景，青山绿水在樵渔。

七、虞

红对白，有对无，布谷对鹈鹕。毛锥对羽扇，天阙对皇都。谢蝴蝶，郑鹧鸪，蹈海对归湖。花肥春雨润，竹瘦晚风疏。麦饭豆糜终创汉，莼羹鲈脍竟归吴。琴调轻弹，杨柳月中潜去听，酒旗斜挂，杏花村里共来沽。

罗队绮，茗对蔬，柏秀对松枯。中元对上巳，返壁对还珠。云梦泽，洞庭湖，玉烛对水壶。苍头犀角带，绿鬓象牙梳。松阴白鹤声相应，镜里青鸾影不孤。竹户半开，对牖不知人在否，柴门深闭，停车还有客来无。

宾对主，婢对奴，宝鸭对金凫。升堂对入室，鼓瑟对投壶。觇合璧，颂联珠，提瓮对当垆。仰高红日近，望远白云孤。歆向秘书窥二酉，机云芳誉动三吴。祖饯三杯，老去常斟花下酒，荒田五亩，归来独荷月中锄。

君对父，魏对吴，北岳对西湖。菜疏对茶淡，苣藤对菖蒲。梅花数，竹叶符，廷议对山呼。西都班固赋，八阵孔明图。田庆紫荆堂下茂，王哀青柏墓前枯。出塞中郎，羝有乳时归汉室，质秦太子，马生角日返燕都。

八、齐

鸾对凤，犬对鸡，塞北对关西。长生对益智，老幼对旄倪。颂竹策，剪桐圭，剥枣对蒸梨。绵腰如弱柳，嫩手似柔荑。狡兔能穿三尺穴，隐鹊权借一枝栖。角里先生，策杖垂绅扶少主，于陵仲子，辟纑织履赖贤妻。

鸣对吠，泛对栖，燕语对莺啼。珊瑚对玛瑙，琥珀对玻璃。绛县老，伯州犁，测蠡对燃犀。榆槐堪作荫，桃李自成蹊。投巫救女西门豹，赁浣逢事百里奚。阙里门墙，陋巷规模原不陋，隋堤基址，迷楼踪迹亦全迷。

越对赵，楚对齐，柳岸对桃溪。纱窗对绣户，画阁对香闺。修月斧，上天梯，蝃蝀对虹霓。行乐游春圃，工谀病夏畦。李广不封空射虎，魏明得立为存麑。按辔徐行，细柳功成劳王敬，闻声稍卧，临泾名震止儿啼。

九、佳

门对户，陌对街，枝叶对根荄。斗鸡对挥尘，凤髻对鸾钗。登楚岫，渡秦淮，子犯对夫差。石鼎龙头缩，银筝雁翅排。百年诗礼延余庆，万里风云入壮怀。能辨名伦，死矣野哉悲季路，不由径祙，生乎愚也有高柴。

冠对履，袜对鞋，海角对天涯。鸡人对虎旅，六市对三街。陈俎豆，戏堆埋，皎皎对皑皑。贤相聚东阁，良朋集小斋。梦里山川书越绝，枕边风月记齐谐。三径萧疏，彭泽高风怡五柳，六朝华贵，琅玡佳气种三槐。

勤对俭，巧对乖，水榭对山斋。冰桃对雪藕，漏箭对更牌。寒翠袖，贵荆钗，慷慨对诙谐。竹径风声籁，花溪月影筛。携囊佳韵随时贮，荷锄沉酣到处埋。江海孤踪，云浪风涛惊旅梦，乡关万里，烟峦云树切归怀。

杞对梓，桧对楷，水泊对山崖。舞裙对歌袖，玉陛对瑶阶。风入袂，月盈怀，虎兕对狼豺。马融堂上帐，羊侃水中斋。北面黉宫宜拾芥，东巡岱畤定燔柴。锦缆春江，横笛洞箫通碧落，华灯夜月，遗簪堕翠遍香街。

十、灰

春对夏，喜对哀，大手对长才。风清对月朗，地阔对天开。游阆苑，醉蓬莱，七政对三台。青龙壶老杖，白燕玉人钗。香风十里望仙阁，明月一天思子台。玉橘冰桃，王母几因求道降，莲舟藜杖，真人原为读书来。

朝对暮，去对来，庶矣对康哉。马肝对鸡肋，杏眼对桃腮。

佳兴适，好怀开，朔雪对春雷。云移鳷鹊观，日晒凤凰台。河边淑气迎芳草，林下清风待落梅。柳媚花明，燕语莺声浑是笑，松号柏舞，猿啼鹤唳总成哀。

忠对信，博对该，忖度对疑猜。香消对烛暗，鹊喜对蛩哀。金花报，玉镜台，倒斝对御杯。岩巅横老树，石磴覆苍苔。雪满山中高士卧，月明林下美人来。绿柳沿堤，皆因苏子来时种，碧桃满观，尽是刘郎去后栽。

十一、真

莲对菊，凤对麟，浊富对清贫。渔庄对佛舍，松盖对花茵。萝月叟，葛天民，国宝对家珍。草迎金埒马，花醉玉楼人。巢燕三春尝唤友，塞鸿八月始来宾。古往今来，谁见台山曾作砺，天长地久，人传沧海几扬尘。

兄对弟，吏对民，父子对君臣。勾丁对甫甲，赴卯对同寅。折桂客，簪花人，四皓对三仁。王乔云外舄，郭泰雨中巾。人交好友求三益，士有贤妻备五伦。文教南宣，武帝平蛮开百越，义旗西指，韩侯扶汉卷三秦。

申对午，侃对訚，阿魏对茵陈。楚兰对湘芷，碧柳对青筠。花馥馥，叶蓁蓁，粉颈对朱唇。曹公奸似鬼，尧帝智如神。南阮才郎差北富，东邻丑女效西颦。色艳北堂，草号忘忧忧甚事，香浓南国，花名含笑笑何人。

十二、文

忧对喜，戚对欣，二典对三坟。佛经对仙语，夏耨对春耘。烹早韭，剪春芹，暮雨对朝云。竹间斜白接，花下醉红裙。掌握灵符五岳箓，腰悬宝剑七星纹。金锁未开，上相趋听宫漏永，珠帘半卷，群僚仰对御炉薰。

词对赋，懒对勤，类聚对群分。鸾箫对凤笛，带草对香芸。燕许笔，韩柳文，旧话对新闻。赫赫周南仲，翩翩晋右军。六国说成苏子贵，两京收复郭公勋。汉阙陈书，侃侃忠言推贾谊，唐廷对策，岩岩直谏有刘蕡。

言对笑，绩对勋，鹿豕对羊豶。星冠对月扇，把袂对书裙。汤事葛，说兴殷，萝月对星云。西池青鸟使，北塞黑鸦军。文武成康为一代，魏吴蜀汉定三分。桂苑秋宵，明月三杯邀曲客，松亭夏日，薰风一曲奏桐君。

十三、元

卑对长，季对昆，永巷对长门。山亭对水阁，旅舍对军屯。杨子渡，谢公墩，德重对年尊。承乾对出震，叠坎对重坤。志士报君思犬马，仁王养老察鸡豚。远水平沙，有客泛舟桃叶渡，斜风细雨，何人携榼杏花村。

君对相，祖对孙，夕阳对朝曛。兰台对桂殿，海岛对山村。碑堕泪，赋招魂，报怨对怀恩。陵埋金吐气，田种玉生根。相府珠帘垂白昼，边城画阁动黄昏。枫叶半山，秋去烟霞堪倚扙，梨花满地，夜来风雨不开门。

十四、寒

家对国，治对安，地主对天官。坎男对离女，周诰对殷盘。三三暖，九九寒，杜撰对包弹。古壁蛩声匝，闲亭鹤影单。燕出帘边春寂寂，莺闻枕上漏珊珊。池柳烟飘，日夕郎归青锁闼，阶花雨过，月明人倚玉栏杆。

肥对瘦，窄对宽，黄犬对青鸾。指环对腰带，洗钵对投竿。诛佞剑，进贤冠，画栋对雕栏。双垂白玉箸，九转紫金丹。陕右堂高怀召伯，河南花满忆潘安。陌上芳春，弱柳当风披彩线，池中清晓，碧荷承露捧珠盘。

行对卧，听对看，鹿洞对鱼滩。蛟腾对豹变，虎踞对龙蟠。风凛凛，雪漫漫，手辣对心酸。莺莺对燕燕，小小对端端。蓝水远从千涧落，玉山高并两峰寒。至圣不凡，嬉戏六龄陈俎豆，老莱大孝，承欢七衮舞斑斓。

十五、删

林对坞，岭对峦，昼永对春闲。谋深对望重，任大对投艰。裙嬝嬝，佩珊珊，守塞对当关。密云千里合，新月一钩弯。叔宝君臣皆纵逸，重华父母是嚚顽。名动帝畿，西蜀三苏来日下，壮游京洛，东吴二陆起云间。

临对仿，吝对悭，讨逆对平蛮。忠肝对义胆，雾发对云鬟。埋笔冢，烂柯山，月貌对天颜。龙潜终得跃，鸟倦亦知还。陇树飞来鹦鹉绿，池筠密处鹧鸪斑。秋露横江，苏子月明游赤壁，冻雪迷岭，韩公雪拥过蓝关。

下卷（下平声）

一、先

寒对暑，日对年，蹴鞠对鞦韆。丹山对碧水，淡雨对覃烟。

歌婉转，貌婵娟，雪鼓对云笺。荒芦栖南雁，疏柳噪秋蝉。洗耳尚逢高士笑，折腰肯受小儿怜。郭泰泛舟，折角半垂梅子雨，山涛骑马，接䍦倒着杏花天。

轻对重，肥对坚，碧玉对青钱。郊寒对岛瘦，酒圣对诗仙。依玉树，步金莲，凿井对耕田。杜甫青宵立，边韶白昼眠。浩饮客吞波底月，酣游人醉水中天。闻草青郊，几行宝马嘶金勒，看花紫陌，千里香车拥翠钿。

吟对咏，授对传，乐矣对凄然。风鹏对雪雁，董杏对周莲。春九十，岁三千，钟鼓对管弦。入山逢宰相，无事即神仙。霞映武陵桃淡淡，烟荒隋堤柳绵绵。七碗月圆，醉罢清风生腋下，三杯云液，饮余红雨晕腮边。

中对外，后对先，树下对花前。玉柱对金屋，叠嶂对平川。孙子策，祖生鞭，盛席对华筵。解醉知茶力，消愁识酒权。丝剪芰荷开东沼，锦妆凫雁泛温泉。帝女衔石，海中遗魄为精卫，蜀王叫月，枝上游魂化杜鹃。

二、萧

琴对管，斧对瓢，水怪对花妖。秋声对春色，白缣对红绡。臣五代，事三朝，斗柄对弓腰。醉客歌金缕，佳人品玉箫。风定落月闲不扫，霜余残叶湿难烧。千载兴周，尚父一竿投渭水，百年霸越，钱王万弩射江潮。

荣对悴，夕对朝，露地对云霄。商彝对周鼎，殷濩对虞韶。樊素口，小蛮腰，六诏对三苗。朝天车奕奕，出塞马萧萧。公子幽兰重泛柯，王孙芳草正联镖。潘岳高怀，曾向秋天吟蟋蟀，王维清兴，尝于雪夜画芭蕉。

耕对读，牧对樵，琥珀对琼瑶。兔毫对鸿爪，桂楫对兰桡。

鱼潜藻，鹿藏蕉，水远对山遥。湘灵能鼓瑟，嬴女解吹箫。雪点寒梅横小院，风吹弱柳覆平桥。月牖通宵，绛蜡罢时光不灭，风帘当昼，雕盘停后篆难消。

三、肴

诗对礼，卦对爻，燕引对莺调。晨钟对暮鼓，野馔对山肴。雉方乳，鹊始巢，猛虎对神獒。疏星浮荇叶，皓月上松梢。为邦自古推瑚琏，从政于今愧斗筲。管鲍相知，能交忘形胶漆友，蔺廉有隙，终为刎颈生死交。

歌对舞，笑对嘲，耳语对神交。焉鸟对亥豕，獭髓对鸾胶。宜久敬，莫轻抛，一气对同胞。祭遵甘布被，张禄念娣袍。花径风来逢客访，柴扉月到有僧敲。夜雨园中，一颗不雕王子李，秋风江上，三重曾卷杜公茅。

衙对舍，廪对庖，玉磬对金铙。竹林对梅岭，起风对腾蛟。鲛绡帐，兽锦袍，露果对风梢。扬州输橘柚，荆土贡青茅。断蛇埋地称孙叔，渡蚁作桥识宋郊。好梦难成，蛩响阶前偏唧唧，良朋远到，鸡声窗外正嘐嘐。

四、豪

茭对茨，荻对蒿，山鹿对江鳌。莺簧对蝶板，麦浪对桃涛。骐骥足，凤凰毛，美誉对嘉褒。文人窥蠹简，学士书兔毫。马援南征载薏苡，张骞西使进葡萄。辩口悬河，万语千言常亹亹，词源倒峡，连篇累牍自滔滔。

梅对杏，李对桃，棫朴对旌旄。酒仙对诗圣，德泽对恩膏。悬一榻，梦三刀，拙逸对贵劳。玉堂花烛绕，金殿月轮高。孤山

看鹤盘云下，蜀道闻狼向月号。万事从人，有花有酒应自乐，百年皆客，一丘一壑尽吾豪。

台对省，署对曹，分袂对同袍。鸣琴对击剑，返辙对回艚。良借著，操提刀，香茶对醇醪。滴泉归海大，蒉土积山高。石室客来煎雀舌，画堂宾至饮羊羔。被谪贾生，湘水凄凉吟服鸟，遭谗屈子，江潭憔悴著离骚。

五、歌

微对巨，少对多，直干对平柯。蜂媒对蝶使，雨笠对烟蓑。眉淡扫，面微酡，妙舞对清歌。轻衫裁夏葛，薄袂剪春罗。将相兼行唐李靖，霸王杂用汉萧何。月本阴精，岂有羿妻曾窃药，星为夜宿，浪传织女漫投梭。

慈对善，虐对苛，缥缈对婆娑。长杨对细柳，嫩蕊对寒莎。追风马，挽日戈，玉液对金波。紫诏衔丹凤，黄庭换白鹅。画阁江城梅作调，兰舟野渡竹为歌。门外雪飞，错认空中飘柳絮，岩边瀑响，误疑天半落银河。

松对竹，荇对荷，薜荔对藤萝。梯云对步月，樵唱对渔歌。升鼎雉，听轻鹅，北海对东坡。吴郎哀废宅，邵子乐行窝。丽水良金皆待冶，昆山美玉总须磨。雨过皇州，琉璃色灿华清瓦，风来帝苑，荷芰香飘太液波。

笼对槛，巢对窝，及第对登科。冰清对玉润，地利对人和。韩擒虎，荣驾鹅，青女对素娥。破头朱泚笏，折齿谢鲲梭。留客酒杯应恨少，动人诗句不须多。绿野凝烟，但听村前双牧笛，沧江积雪，唯看滩上一渔蓑。

六、麻

清对浊，美对嘉，鄙吝对矜夸。花须对柳根，屋角对檐牙。志和宅，博望槎，秋实对春华。乾炉烹白雪，坤鼎炼丹砂。深宵望冷沙场月，边塞听残野戍笳。满院松风，钟声隐隐为僧舍，半窗花月，锡影依依是道家。

雷对电，雾对霞，蚁阵对蜂衙。寄梅对怀菊，酿酒对烹茶。宜男草，益母花，杨柳对蒹葭。斑姬辞帝辇，蔡琰泣胡笳。舞榭歌楼千万尺，竹篱茅舍两三家。珊枕半床，月明时梦飞塞外，银筝一奏，花落处人在天涯。

圆对缺，正对斜，笑语对咨嗟。沈腰对潘鬓，孟笋对卢茶。百舌鸟，两头蛇，帝里对仙家。尧仁敷率土，舜德被流沙。桥上授书曾纳履，壁间题句已笼纱。远塞迢迢，露碛风沙何可极，长沙渺渺，雪涛烟浪信无涯。

疏对密，朴对华，义鹘对慈鸦。鹤群对雁阵，白苎对黄麻。读三到，吟八叉，肃静对喧哗。围棋对把钓，沉李对浮瓜。羽客片时能煮石，狐禅千劫似蒸沙。党尉粗豪，金帐笼香斟美酒，陶生清逸，银铛融雪啜团茶。

七、阳

台对阁，沼对塘，朝雨对夕阳。游人对隐士，谢女对秋娘。三寸舌，九回肠，玉液对琼浆。秦皇照胆镜，徐肇返魂香。青萍夜啸芙蓉匣，黄卷时摊薜荔床。元亨利贞，天地一机成化育，仁义礼智，圣贤千古立纲常。

红对白，绿对黄，昼永对更长。龙飞对凤舞，锦缆对牙樯。

云弁使，雪衣娘，故国对他乡。雄文能徙鳄，艳曲为求凰。九日高峰惊落帽，暮春问水喜流觞。僧占名山，云绕茂林藏古殿，客栖胜地，风飘落叶响空廊。

衰对壮，弱对强，艳饰对新妆。御龙对司马，破竹对穿杨。读班马，识求羊，水色对山光。仙棋藏绿橘，客枕梦黄粱。池草入诗因有梦，海棠带恨为无香。风起画堂，帘箔影翻青荇沼，月斜金井，辘轳声度碧桐檣。

臣对子，帝对王，日月对风霜。乌台对紫府，雪牖对云房。香山社，昼锦堂，蔀屋对巖廊。芬椒涂内壁，文杏饰高梁。贫女幸分东壁影，幽火高卧北窗凉。绣阁探春，丽日半笼青镜色，水亭醉夏，薰风常透碧筒香。

八、庚

形对貌，色对声，夏邑对周京。江云对涧树，玉磬对银筝。人老老，我卿卿，晓燕对春莺。玄霜舂玉杵，白露贮金茎。贾客君山秋弄笛，仙人缑岭夜吹笙。帝业独兴，尽道汉高能用将，父书空读，谁言赵括善知兵。

功对业，性对情，月上对云行。乘龙对附骥，阆苑对蓬瀛。春秋笔，月旦评，东作对西成。隋珠光照乘，和璧价连城。三箭三人唐将勇，一琴一鹤赵公清。汉帝求贤，诏访严滩逢故旧，宋廷忧老，年尊洛社重耆英。

昏对旦，晦对明，久雨对新晴。蓼弯对花港，竹友对梅兄。黄石叟，丹丘生，犬吠对鸡鸣。暮山云外断，新水月中平。半塌清风宜午梦，一犁好雨趁春耕。王旦登庸，误我十年迟作相，刘蕡不第，愧他多士早成名。

九、青

庚对甲，巳对丁，魏阙对彤庭。梅妻对鹤子，珠箔对银屏。鸳浴沼，鹭飞汀，鸿雁对鹡鸰。人间寿者相，天上老人星。八月好修攀桂斧，三春须系护花铃。江阁凭临，一水净连天际碧，石栏闲倚，群山秀向雨余青。

危对乱，泰对宁，纳陛对趋庭。金盘对玉箸，泛梗对浮萍。群玉圃，众芳亭，旧典对新型。骑牛闲读史，牧豕自横经。秋首田中禾颖重，春余园内菜花馨。旅次凄凉，塞月江风皆惨淡，筵前欢笑，燕歌赵舞独娉婷。

十、蒸

蘋对蓼，芡对菱，雁弋对鱼罾。齐纨对鲁绮，蜀锦对吴绫。星渐没，日初升，九聘对三徵。萧何曾作吏，贾岛昔为僧。贤人视履循规矩，大匠挥斤校准绳。野渡春风，人喜乘潮移酒舫，江天暮雨，客愁隔岸对渔灯。

谈对吐，谓对称，冉闵对颜曾。侯嬴对伯嚭，祖逖对孙登。抛白纻，宴红绫，胜友对良朋。争名如逐鹿，谋利似趋绳。仁杰姨惭周不仕，五陵母识汉方兴。句写穷愁，浣花寄迹传工部，诗吟变乱，凝碧伤心叹右丞。

十一、尤

荣对辱，喜对忧，缱绻对绸缪。吴娃对越女，野马对沙鸥。茶解渴，酒消愁，白眼对苍头。马迁修史记，孔子作春秋。莘野耕夫闲举耜，渭滨渔翁晚垂钩。龙马游河，羲帝因图而画卦，神龟出洛，禹王取法以明畴。

冠对履，舄对裘，院小对庭幽。面墙对漆地，错智对良筹。孤嶂耸，大江流，芳泽对圆丘。花潭来月唱，柳屿起吴讴。莺懒燕忙三月雨，蛩摧蝉退一天秋。钟子听琴，荒迳入林山寂寂，谪仙捉月，洪涛接岸水悠悠。

鱼对鸟，鹧对鸠，翠馆对红楼。七贤对三友，爱日对悲秋。虎类狗，蚁如牛，列辟对诸侯。陈唱临春乐，隋歌清夜游。空中事业麒麟阁，地下文章鹦鹉洲。旷野平原，猎士马蹄轻似箭，斜风细雨，牧童牛背稳如舟。

十二、侵

歌对曲，啸对吟，往古对来今。山头对水面，远浦对遥岑。勤三上，惜寸阴，茂树对平林。卞和三献玉，杨震四知金。青皇风煖催芳草，白帝城高急暮砧。绣虎雕龙，才子窗前挥彩笔，描鸾刺凤，佳人帘下度金针。

登对眺，涉对临，瑞雪对甘霖。主欢对民乐，交浅对言深。耻三战，乐七擒，顾曲对知音。大车行槛槛，驷马骤骎骎。紫电青虹腾剑气，高山流水识琴心。屈子怀君，极浦吟风悲泽畔，王郎忆友，扁舟卧雪访山阴。

十三、覃

宫对阙，座对龛，水北对天南。蜃楼对蚁郡，伟论对高谈。遴杞梓，树梗楠，得一对函三。八宝珊瑚枕，双珠玳瑁簪。萧王待士心唯赤，卢相欺君面独蓝。贾岛诗狂，手拟敲门行处想，张颠草圣，头能濡墨写时酣。

闻对见，解对谙，三橘对双柑。黄童对白叟，靓女对奇男。秋七七，径三三，海色对山岚。鸾声何哕哕，虎视正眈眈，仪封疆吏知尼父，函谷关人识老聃。江相归池，止水自盟真是止，吴公作宰，贪泉虽饮亦何贪。

十四、盐

宽对猛，冷对炎，清直对尊严。云头对雨脚，鹤发对龙髯。风台谏，肃堂廉，保泰对鸣谦。五湖归范蠡，三径隐陶潜。一剑功成堪佩印，百钱满卦便垂帘。浊酒停杯，客我半酣愁际饮，好花傍座，看他微笑悟时拈。

连对断，减对添，淡泊对安恬。回头对极目，水底对山尖。腰袅袅，手纤纤，凤卜对鸾占。开田多种粟，煮海尽成盐。居同九世张公艺，恩给千人范仲淹。箫弄凤来，秦女有缘能夸羽，鼎成龙去，轩臣无计得攀髯。

人对己，爱对嫌，举止对观瞻。四知对三语，义正对辞严。勤雪案，课风檐，漏箭对书签。文繁归獭祭，体艳别香奁。昨夜题诗更一字，早春来燕卷重帘。诗以史名，愁里悲歌怀杜甫，笔经人索，梦中显晦老江淹。

十五、咸

栽对植，薙对芟，二伯对三监。朝臣对国老，职事对官衔。鹿麌麌，兔毚毚，启牍对开缄。绿杨莺睍睆，红杏燕呢喃。半篱白酒娱陶令，一枕黄粱度吕岩。九夏炎飚，长日风亭留客骑，三冬寒冽，漫天雪浪驻征帆。

梧对杞，柏对杉，夏濩对韶咸。涧瀍对秦洧，巩洛对峭函。藏书洞，避诏岩，脱俗对超凡。贤人羞献媚，正士嫉工谗。霸越谋臣推少伯，佐唐藩将重浑瑊。郧业狂生，羯鼓三挝羞锦袄，江洲司马，琵琶一曲湿青衫。

袍对笏，履对衫，匹马对孤帆。琢磨对雕镂，刻画对镌镵。星北拱，日西衔，卮漏对鼎馋。江边生桂若，海外树都咸。但得恢恢存利刃，何须咄咄达空函。彩凤知音，乐典后夔须九奏，金人守口，圣如尼父亦三缄。